Nothing Being Everything

Tony Parsons

何でもないものがあらゆるものである

—無、存在、すべて—

トニー・パーソンズ 著

髙木悠鼓 訳

ナチュラルスピリット

NOTHING BEING EVERYTHING
by Tony Parsons

存在するすべてはこれ……

存在

一つが二つとして現れ、
何でもないものがあらゆるものとして現れ、
絶対が相対として現れ、
空虚が充足として現れ、
原因のないものが原因のあるものとして現れ、
単一性が分離として現れ、
主体が対象として現れ、
単数が複数として現れ、
非個人が個人として現れ、
未知が既知として現れている。

静寂が音を立て、不動が動きまわり、
これらの言葉は言葉なきものへの指標として現れる。

……それにもかかわらず、何も起こっていない。

はじめに

私たちは個人として居住する世界に住んでいるように見えます。そしてその個人は、自由意志、選択、行動する能力を多かれ少なかれもっていて、それは結果をもたらします。こういった現実は疑われることなく、ほとんど普遍的に受け入れられています。

確かにあなたはこれらの言葉を読んでいる誰かであり、本書を読むのをやめるか、それとも読み続けるのかは疑いもなくあなたの選択です……あるいはそのように見えます。

単純に言えば、私たちの選択は喜びの達成と苦痛の回避を目指す方向に向けられているようです。賢明な努力を応用すれば、自分の人生がうまくいく可能性が高くなることを私たちは学びます。これがほとんどの個人的、そして世界的活動の見かけの動機となっている原理です。

私たちが住んでいる世界は脅威に見えることがあるので、私たちは様々な集団で集まって、何らかの秩序と保護をもたらすルールを作ります。対立と緊張が起こり、私たちの交渉は常に成功するとはかぎりません。

私たちの中には、希望と慰めを自分にもたらしてくれる、人生へのより深い意味と目的を求めている人たちもいます。こういった必要から、宗教的な熱望が生まれ、それとともに神性への信仰とスピリチュアルな悟りへの探求も生まれたのです。

こういった種類の救済法は、しばらくの間は効果的な場合もありますが、それらはその性質上、制限されているように見え、すべての人たちにとって奥深く永続的な充足感を提供するわけではありません。この欠落感の考えられる理由は、本書『何でもないものがあらゆるものである』の中で与えられていますが、それとともに幼児期にどうやって脳が、「向こうの世界というものがあって」、それが中枢組織である自分の肉体と分離していると思い込むようになるのかも説明されています。それ自身を保護するために、それは一つの中心とか「一つの自己」を見かけ上で仮装し、そこから交渉とコントロールが執行されるように思われます。もちろん見かけの個人性のこの構築は、自由意志と選択と行動する能力への絶対的な信念と投資を含みます。

ですから、私たちの生き方全体が根本的な信念体系にもとづき、それは現実についての想定から生まれるのを見ることができるわけですが、その想定そのものが疑わしいものです。

たとえば、この現実はシンプルに単一である完全に非個人的原動力で、それはあらゆる意志と方向と目的を欠いているにもかかわらず、逆説的ながら、躍動する情熱的な生の感覚の源泉と表現であることは可能でしょうか？ また、その表現の内部で、個人性の見かけの物語は、その源泉の意味のない反映としてのみ現象化していることは、ありうることでしょうか？

　この可能性は、私たちの行動の礎となっている確固と確立された信念と価値を完全にひっくり返し、また私たちは自分の行動についての選択をそもそももっているというまさにその観念を、根本から壊してしまうことでしょう。

　個人性の形成は非常に自然で必然的プロセスなので、だからそれ以上その起源を探求する必要はないという議論もありうることでしょう。そしてもしそうなら、あなたは今ここで本書を投げ捨ててしまうことも可能です……でも、何がそれを投げ捨てるのでしょうか？　あなたでしょうか？それとも、その源泉でしょうか？

　私たちの原因と目的は単に夢でしょうか？　もしそうなら、その夢から目覚めることは禍《わざわい》になりうるように思えます。自分の人生を運営する誰も残されず、指針を与えてくれる宇宙の社長もたぶん誰もいないわけですから。ですから、もし私たちの人生が失われれば、そのときあらゆることが失われ、ただ空っぽさだけがあります。でももしかしたら、真空のように、空っぽさが突然、完全な充足になり……何でもないものがシンプルにあらゆるものである、のではないでしょうか？

序文

シャノン・ディクソン

疑いもなく、本書『何でもないものがあらゆるものである』というこのフィルターなしの生の感覚の新しい宝に心惹かれた多くの読者は、決して失われえないものを熱心に探求する長く曲がりくねった道を、今まで数マイル以上は進んできたはずです……しかし、熱心な探求は、自己を強化するという逆説であり、そのせいで探求の世界がますます活気づくのです。

したがって、これから続く自由が躍動する生気にあふれる表現は、典型的には次の二つの広範な視点のどちらかから読まれることでしょう。一つ目の視点は、一つの本質的洞察がワンネスと絶対を探求者にもたらすかもしれないと期待しながら、これらの言葉が分離というレンズを通じて読まれるか、もう一つの視点は、どんな代理人も発見すべき目的地もなく、常に存在する無限の生の直接性がそれ自身で単に起こっているものとして、この過激なコミュニケーションが代わりに受け取られ……そして祝福されるのか……

実際、これらのページの中で見事にパワフルに指摘されている、公然の秘密《オープンシークレット》の奥深い単純さは、常にあまりにも近すぎて、心《マインド》と「理解」にとっては決して接近することができないものです。この公然の秘密《オープンシークレット》は、推論的で分析的な心に休憩を与えることへ、そして自然な努力のないリズムと共鳴をもってこれらの言葉を単に呼吸することへ招待しています。これらの言葉はその自然な努力のないリズムと共鳴から起こったのです。あらゆる物事の中であの最も親密なものを思い出すという間違えようのない香りが、これらの対話の中に妥協なくパワフルに存在し、解決すべき、あるいは得るべき何かがあるという観念の不在の中で、直観的に非常に直接的に知られるのです。

過去数十年間かそこら、「非二元」的な信念の教えに対する関心と理解が、スピリチュアルなグルたちを支える者たちの間を席巻してきました。こういった関心は、ほとんどすべての霊性と宗教において口実や暗黙の約束を形成し、そして苦しみの輪から解放されるにふさわしい価値を獲得するという、まったく二元的な観点を暴露してきました。それにもかかわらず、まれな少数の例外を除いて、ほとんどすべての人気ある「非二元もどき」は、プロセスと進化という誘惑によって条件づけられている分離した個人の要求と期待に応えるべく、流行のサットサンの巡回をただ真似ているだけです。しかし、公然の秘密《オープンシークレット》はそうではありません。

そのような調整された教えは、「山の頂上に向かう途中の、まだ目覚めていないすべての人々に出会うために下りてきている」という合理化や、傲慢とも言えるかもしれない親切の名のもとでしばしば提供されており、それゆえ階級と個人的進化という根本的に二元的な誤解を、継続的に強化します。

この解決困難な状況は、今度は探求者たちに対して、彼らは本当に迷いの中にいて、救済される必要があるという根本的で潜在意識的な再確認を提供します。トニー・パーソンズが彼の本の中で何度もずっと繰り返してきたように、このことは自分が絶望的なまでに探し求めている故郷を決して発見することができない心にとっては、絶対的にうまくいかない取引なのです。ある人たちにとっては、このニュースを最初に聞いたとき、しばらくは絶望の波が押し寄せてくる場合もあります。なぜなら、「聖なる高貴な存在になる」というすべての希望を投影された理想が、無限の海洋の中で砕け散って焼失し、あとに残るものは達成という属性をつり下げるべき何の個人的な印もなしに、ただ生が起こっている、だけだからです。

しかしながら、最初の自然発生的認識の驚きの中でさえ、しばしば最初に見逃されることは、何でもないものがあらゆるものであるという永遠の光の中で啓示される、言葉にできない非個人的自由です。それは人生の忌避《きひ》という「スピリチュアルに認知された」考えから想像される超然とした偽の自由ではなく、これらのすべてが起こる分離した実体は本当は一度もいたことがなかったということを、内在的に即座に思い出すことです……なんという喜ばしい革命でしょうか！

これは極端な逆説についてであり、その逆説は公然の秘密《オープンシークレット》であるこの第一の純潔を再発見する光の中で、物事を混乱させる見かけのパワーを単に失うのです。その中の本当の逆説とは、常にあらゆる人によって、またはあらゆる人として充分に生きられていながらも、人生を探し求める「誰か」がいるかぎり、人生はその本質的な秘密として完全に隠されたままであるということです。

ですから、最近の多くのセラピー的流派も含めて、世界の知恵の教えの大多数がすべて、公然と（あるいは多くの人気ある偽の非二元の教えと同じく隠然と）、宇宙の中心地として当然に受け入れられている個人のために、ある種の進化的、直線的なやり方でこの神秘を解くことをめざしているのも驚くことではありません……すなわち、その個人が自由になるためには、洞察と理解を得る必要があると想定されているのです。

実際、非二元の概念に口先だけで賛同しているこれらの教えは、核心となる誤認をもっと微妙に、潜在意識にまですり込み、それゆえ意図せずとも幻想の分離感がますます強化されるのです。

トニー・パーソンズがそれほど直接的にパワフルに暴露していることは、ただ生だけがあるというこの常にある現実……あるがまま……です。これはトニーのまれでユニークな才能……ただ妥協しようとせず、また妥協することができないエネルギーあふれる生の感覚に活気づけられた革命的ヴィジョンの明確な表現です。トニーは卓越した射撃の……比類ない眼識をもったスキート射撃の名手で「はい、でも……」と言いながら飛ぶクレイを一つまた一つと撃ち落とし、心が行くべきところを残さず……シンプルに在《あ》るという無限性からの逃避を求める場所をどこにも残さないのです。

長い間、様々な種類のグルとサンガに関わってきたベテラン探求者たちにとって、週末や宿泊の集まりでトニーと一緒《いっしょ》に過ごすことは、新鮮な空気を呼吸するようなものです。一緒に集まっている親愛なる友人たちの開かれた努力のないユーモアの中で、かつては尊重されていた混乱の糸が次から次へと明らかにされ、消散するのです。どんな種類の義務も期待も要求もなく提供されているものは、すべての贈りものの中でこの最も驚くべきものをただ分かち合うという心から感じる喜びだけ……そもそもあなたは防御と解決を必要とする「人生を所有」したことがないのです。そういった直接的で飾りのないメッセージを聞こうとする気持ちが、このような妥協なき明晰さに出会うとき、何かになることの影から何か別のものが出て来て、それがこの公然の秘密《オープンシークレット》である永遠の生の感覚の静寂でやさしい光になるかもしれません。

その公然の秘密《オープンシークレット》の本質的メッセージは、トニーの以前の三冊の本の中に完全に展開されていますが、それでも最新の本書『何でもないものがあらゆるものである』は、さらにもっと微妙で成熟した質問と、それに応える自然に磨き上げられた明晰な表現との間の、常に新鮮な相互作用と共生を反映しています。したがって、トニーの印象的な言葉使いに非常に親密に接している者たちは、ここに味わうべき、大切にすべき多くのことを発見することでしょうし、『何でもないものがあらゆるものである』は、彼の他の本と並んで非凡で革命的コミュニケーションとして、その地位を確立することは確かなことでしょう。

1

あなたの人生が失われるまでは、あなたは常になぜ……と思い続けることでしょう。というのは、求められているものは、決して失われたことがなく、探求者が理解しようとしていることは、決して知られることはありえないからです。

ですから、公然の秘密《オープンシークレット》のメッセージには、探求者が掴んで所有権を主張できるものは何もありません……至福、静寂、現存《プレゼンス》のどんな特別な状態も提供されません。

熱意、受容が必要だとか、あるいは肉体−精神を浄化することが必要だというのは、誤った考えであることは明らかです。内側に注意を向け、「自分の本質」や、非常に多くを約束してくれながらも素早く来ては去って行く気づきの状態を発見するようには、招待もされないことでしょう。ここではどんな種類のスピリチュアルなアイスキャンディーも提供されません。

探求者が指針やプロセス、あるいは何かになる教えを必要としていることに対しては、何の妥協もありません。ここにはいかなる特別な父親も母親もいなければ、所属すべきスピリチュアルな家族もいません。どんな種類の魔法もカリスマも譲渡もありません……何も売っていません。ただ小さい「自分」というおとぎ話を、終了することができるかもしれないだけです。

この明白な無限性の中に一緒にいることの贈りものは、あなたであるものは何の期待も要求もなく、すでに完全なものとして見られているということです。開放された光の中で混乱と抵抗は溶解し、何も残らないことでしょう。その何でもないものから、シンプルな存在の信じがたい充満と不思議が現れるのです。

§§§

では、この情報はどこからやって来るのですか？　私たちの会話は自分自身との会話ということでしょうか？　そして自分自身が自分に、このすべてが夢であると言っているのでしょうか？

これは何でもないものが何でもないものに話しています。向こうの何でもないものが誰かであるふりをしているのです。それくらいシンプルなことです。しかしこれらの言葉は、必ずしも目覚めを創造するわけではありませんし、単なる概念にすぎません。私たちは言葉を分かち合っていますが、この部屋の中には非常にパワフルなことが進行しています。こうした集まりの中でわき起こる無限性の感覚というものがあるのです。しかし、言葉はどこかで夢見る人のところへ行くかもしれず、その夢見る人はそれらを自分が聞きたいと思うことに転換してしまいます。彼らは言われていることを聞きません。なぜなら、彼らは誰も存在しないことを聞きたくないからです。それはあまりに恐ろしいことなのです。

ですから、人々はこういった集まりにやって来ては、言われていることを絶対的に聞かないということに、私たちはいつも気づきます。ここで言われていることの根本的なことは、ほとんど聞かれません。これは、準備ができているときにだけ手に入る隠れたメッセージです。それは他のあらゆることの下に隠されています。キリスト教、仏教、そしていわゆる非二元論の伝統的アドヴァイタがあらゆるところで教えられています。アドヴァイタの教えだと主張している多くの本と教えがありますが、それらはアドヴァイタという言葉の本質の内部に保存されている、根本的なそして恐るべき神秘の信用をたえず失墜させています。このメッセージは分離した個人の死についてであり、それを避けたり、妥協したりすることは、自己保存から直接来ています。

それでは、人生において努力することに何か意味がありますか?

夢見る人としては、あなたがA地点からB地点へ到達するために努力できる個人であることは、説得力があるように思えます。しかし現実には、どんなあなたもいませんし、どんなA地点もB地点もありません。しかしそれよりさらに深く行けば、努力できる誰もいませんし、努力しているように見えることを放棄できる誰もいないのです。このメッセージの難点は、トニー・パーソンズが人は何もしなくてもいいと言っていると、みんなが思っていることです。このメッセージは、何もできない誰かや何もする必要がない誰かがいるということではありません。このメッセージはそういうことではまったくないのです。このメッセージは、自由意志と選択をもった分離した人は誰もいないというものです。そこに根本的違いがあります。

あなたは常にこのことを知っていたのですか？

いえいえ、私はそれを決して知ったことはなかったですし、今だって知りません。しかし、そういう感覚はありました。これは知らないということを伝えているのです。これは何でもないものが何でもないものについて話しているのです。これを知る誰もいませんし、知るべきことも何もありません。

でも私には選択があるように思えます。なぜなら、私は働くか、あるいは眠るかを選択できるからです。私は自分がしたいことをすることができます。ですから、私には選択があるように思えるのです。もし私が行きたいと思えば、私は行くことができるでしょうし、あるいは立ち上がることも。私は何らかの選択をもっています。

ですから、それが夢です。夢見る人は、自分は立ち上がるべきかどうかの選択を絶対にやっていると夢見ているのです。立ち上がるという考えがやって来て、夢見る人は立ち上がり、それは自分が立ち上がることを選択していると思うのです。それが夢です。あなたは一度も何もやったことがないのです。何かをかつてやったことがある人は誰もいません。存在するのは起こっていることだけ……誰でもないものに起こっていることだけです。

もっとうまく起こることもできるでしょうに。

(笑いながら)はい。それは不快な奮闘になりうる可能性もあります。そこにいる誰かが何かを発見しようとすることは常に不快です。誰もいないことが発見されるとき、誰にもよらない生の感覚の祝福だけがあります。ただ生だけがあり、それを避けることは不可能です。あなたは生を避けることはできません。誰もこれを逃れることができないのは、あらゆる人はすでにそれであるからです。ですから、今すぐあなたが立ち上って、この部屋を出て行ったとしても、何も問題はないことでしょう。立ち上がってこの部屋を出て行くことが起こっていることです。それが生です。ただそれだけがあります。ただ存在だけがあります。

では、責任はどうなりますか?

責任は何もありません。誰もいません。誰も責任がありません。誰も今まで何もしていません。ですから、誰にも責任がありません。起こったように見えるあらゆることは、起こったように見えるだけです。

でも、責任が発生します。

夢が起こり、分離した誰かがいるという考えが起こるのです。それが夢です。人々に責任があり、原因と結果があるという考えが、その夢の中で起こるのです。

§§§

死とは何ですか？

死において終わるものは、時間や物語という観念と、解放を発見しようという奮闘です。その単純な理由とは、分離においては肉体精神機構の全メカニズムは、ワンネスを探し求めることだからです。その見かけの機構が機能することをやめるとき、つまりそれが死ぬとき、ワンネスを探し求める全物語ももはやなくなり、ワンネスがあります。

§§§

トニー、あなたはこれについて非常に情熱的だと、あなたの奥さんが言うのを聞いたことがあります。

私たちがその中で生きているように見える全世界を見てください。全世界は情熱です。それは完全なる生命力です。それはこれをまったく子供のように驚くことです。それがそのすべてです。それはそれ以外の意味をもっていません。それは善と悪の戦いではありません。それはどこかへ行く物語ではありません。それはただ生命力の情熱的な爆発です。それが存在するすべてです。それはただ存在の情熱的爆発であり、それが自分は分離した人間だと思い込んでいる人たちに、自由だけがあると言っているのです。

常に、そしてまさにこの瞬間、この部屋にいるあらゆる人たちが、感覚を通じた、そして存在するあらゆることを通じた愛によって爆撃されています。そしてその最愛の人が、「見なさい。あなたは何かであったりする必要も、何かをしたりする必要もありません……私はすでにここにいます」と言っているのです。あなたが見るものはそれほど美しいものです。それは驚くほどシンプルで直接的です。まさにこれです。でも私たちは常に向こうに何か別のもの、よりよくなるべきだという何らかの概念や観念を探しています。「私はよりよくならなければならない」。その間、恋人、完全な恋人は私たちの肩の上に座って、私たちを生命力で満たしながら、「いや、あなたは何である必要もありません。あなたであるものはすでに完全です」と言っているのです。

ただ完全な全体だけがあり、それがあるものすべてです。それは驚くべきことです。

§§§§

あなたは退屈と憂鬱《ゆううつ》が生命力だと言っているのですか？

退屈している……これは一なるものが退屈して、憂鬱になっているのです。それは他の何かではありえません。解放は完全にすべてを含むのです。

それは心《マインド》によってあるやり方で見られる、そうではありませんか？

はい、そうです。たとえば、悟っているという観念の全体が、心によってあるやり方で見られます。おわかりのようにその観念とは、すべては非常に美しく、愛情にあふれ、許容し、受容し、静寂で、沈黙であることですが、それはたわごとです！　それはひどい刑務所です。

心によって、私はただこれだけがあると言い、それから心がただ抜け落ち、ただこれだけがあります。ですから、心がある意味でひれ伏すのです。

はい、そういうことです。それはひざまずき、あきらめます。

抜け落ちる。

そして、心は現象の中でその役割を果たすのです。

はい。ですから、それはただ認識です。

それはこれであることであり、その内部で認識が起こるのです。でも、私が言わんとしていることは、それをもたらすことができる人は誰もいないということです。

はい、それはそれ自身がそれ自身を認識しているようなものです。

はい。それが起こりますが、存在は認識を含みながら、同時にその認識もさらに超えるものです。

実際、心は人をこの場所へ連れて来ることができると、私は今まで何度か聞いたことがあります。

いいえ、絶対的に違います。心は物語作家にすぎず、それはどうやっても永遠を理解することはできません。

でも、それは人を少し導くことはできます。

いいえ、できません。考えることは存在を理解できず、それは存在の中でただ起こるだけです。言葉で説明すると、理解は明晰さをもたらすことができます。しかし、明晰さは目覚めではありません。明晰さは解放ではありません。明晰さは単にもう一つの所有物です。

でも同時に、それは認識です。

繰り返しますが、解放や存在は認識を超えているのです。誰もいないという概念的な認識はたいしたことはありません……それは一時的な観念です。

§§§

トニー、私には目覚めと解放の違いが理解できません。

目覚めとか解放などというものはないのですが、これらの用語は誰でもないものに起こっているように**見える**だけの、何かを描写するために使われています。目覚めは、ほとんどの見かけの探求者にとって必ず起こるように見えるものですが、あらゆる場合にそれがあると言うことはできません。なぜなら、どんなことにも確実さはないからです。しかし、起こるように見えることは次のことです。誰でもないものが、突然に時間がなくただワンネスだけがあることを見、その間、起こったことを理解せずに、それを所有したいと思う微妙な探求者がまだいるように見えます。それから、ワンネスを所有したいと思う探求者もまたワンネスであることが、誰でもないものによって突然理解されることが明らかに可能です。そのときにはすべてが終わり、そのときには誰もおらず、ただ存在だけがあります。

それはちょうど、あなたがとても幼い子供だった頃の、ただ存在だけがあるようなものです。それから、分離の瞬間がやって来て、存在から乳離れします。なぜなら、分離の瞬間のあとでさえ、子供たちは存在とはどんなものかという感覚をもっているのですが、エゴ、つまり自己という感覚が育ち、成長するとき、私たちは個人の世界へ入るからです。存在の感覚がまだ残っている時期があるのです。

そしてそれから、それが失われるように見えます。しかし、目覚めが起こるとき、一部の人たちにとっては、存在のミルクへまた戻ることがあります。質問に答えることはそれほど難しいのです。なぜなら、それは時間の中で起こって、現実であるように聞こえるからです。事実、その何も現実ではありません。解放とか目覚めなどというものはないのです。あるのは存在だけです。

戦略があるはずです。公式があるはずです。せめて私が公式をもっていればいいのにと思うのです。心がどう働くかをもし私が発見するとすれば……と言うことは、正しいことでしょうか？

絶対的に違います。私たちがここで話しているのは、心とは何の関係もありません。心はあらゆる種類の考えをもつ側に立っている声にすぎず、存在を思い描くことはどうしてもできません。なぜなら、心は動く部分だからです。それは存在の内部の物語の中でのみ機能します。

ということは、やるべきことは実際何もないんですね……そうなんです、もちろんないんです。

ある意味では、起こることとは、それを知ることがあるということです……私たちが言っていたように、まず第一にこれを知ることがあるのです。ですから、あなたは椅子の上に座って、たとえば自分のお尻がその上にあることを知ります。あるいは外に音があることを知ります。自分の体の中で起こっていることを知る、その気づきがあります……そして、「私はこれを得ようとしている」と考えることも起こっているかもしれません。あなたはまさに今自分の体に起こっている生を感じています。まさに今この部屋の中で生のエネルギーがあります。存在しているものを誰も否定できません。つまり、そのエネルギーを知ることがあるのです。

でも、まだ夢の中です。

絶対的にそうです。自分がそこに座っていることを知ること、その気づきがまだあり、その知っている気づきはまだ夢の中にあります。

で、何が起こるのでしょうか?

起こりうることは、自分があそこに座っていることを知ることがありうる、それからそこにただ座っているという転換があります。それが唯一の転換です。それが永遠です。ある意味では、この部屋で起こっているあらゆることは、時間の中のあなたに起こっているように見えます。実際は、それは永遠の存在であり、それは贈りものです。ですから、あなたは常に自分の感覚を通じて、永遠の存在によって爆撃されているのです。あなたが他のあらゆるところで常に求めているものを、あなたは呼吸し、見、聞き、感じ、味わっています。何が起こっているにせよ、ワンネス、あるいは存在が「見なさい。ただこれだけがあります。あなたは見る必要さえないのです。すでにそれが存在するすべてです！」と言っているのです。

で、そのときに何が起こるかというと……

起こることは、誰もおらず、ただ起こっていることだけがあるというその瞬間の中で、光がその見かけの暗闇の中に入って、それを消してしまいます。見かけの暗闇は消えて、抜け落ちるのです。自分という分離が、その光の中で単に分解したのです。そしてそのときには、何も残っていません。

§§§

分離しているという考えはどこから来たのですか？

分離という考えも含めて、あらゆるものは、あらゆるものとして生じる何でもないものです。

この分離をどこかへやるためには努力がいりますよね。人々は努力しています……

はい、そうです。しかし、努力は分離に燃料を与えます。個人の全強化が、ワンネスを探そうというその試みの中にあります。その努力が、ワンネスからの分離感を強化し続けるのです。

では、それはジョーク、そうではありませんか?

ですから、スピリチュアルな努力とか選択という考えにもとづくすべての教えは、実際刑務所の教えなのです。なぜなら、それらはその人を「分離した人」と呼ばれている何かに閉じ込め続けるからです。

ということは、心にとってはどんな出口もないということですか?

これは心とは何の関係もないことです。見かけの解放が起こるとき、心はその機能の中で自然な役割を果たします……それはもはや大きなパワーではありません。

ということで、あなたは自分が探し求めているものから逃れられないのです。なぜなら、あらゆるものからの逃避がないからです。これが存在するすべてであり、であれば、これを誰が失えるというのでしょうか？　存在がすべてであり、あらゆることであるときに、どうして誰かが存在に到達しなければならないのでしょうか？

見たところ何が起こっているのでしょうか？　起こっていることは、あなたが椅子の上に座って呼吸をし、これを見、声を聞いている、それが起こっていることです。すなわち、これです。これがあることのすべてです。そしてもし、あなたが立ち上がってこの部屋から歩き去るなら、それがこれになることでしょう。そしてもし、あなたが言われていることを聞かないなら、それがこれになることでしょう。そしてもし、言われていることを本当に聞くことがあれば、それがこれになることでしょう。そして、今夜あなたが家に帰って夕食を食べるなら、それがこれになることでしょう。存在から逃れられないのです。ただ存在だけがあります。

この存在が部屋であり、椅子の上の肉体たちであり、自分の腕を振り回しているトニー・パーソンズなのです。すなわち、すべてのあるものです。

これは非常にまれで革命的メッセージです。こんなことを言う人たちがいます。「ああ、あなたが言っていることは、他の多くの人たちも言っていることです」

絶対的に違います。

もしこのことが本当に聞かれるなら、もしその根本的秘密がどこかで聞かれるとするなら、「**あなた**」はそれを聞くことはないでしょうが、もしそれが聞かれるなら、これがまれで革命的メッセージであることが見られることでしょう。それは分離といったものはないことを再発見することについてです。分離したものは何もありません。どんな他者もいません。そこから分離すべきものが何もないのです。分離できる人は誰もいないのです。これがすべてであり、あらゆるものです。求められているものは、一度も失われたことがなかったのです。

しかしながら、そのあらゆるものの中に分離という観念が起こるのです。「ああ、私は一人の人間である。私は絶対的に分離した人間である。私は個人であり、私の両親、司祭、先生、上司、妻、夫、みんなが私に、私はいいにしろ悪いにしろ、選択することができる分離した個人であると言っている」。ですから、いいにしろ悪いにしろ、探求が続きます。夢が創造されているのです。夢見ている人は見かけの分離している個人です。「私は一人の人間である」。それが夢見る人です。そしてその夢見る人は、分離しているというその夢の中でのみ機能することができるのです。それは夢見る人たちの世界とともに成長し、彼ら全員が「これはあなたの人生で、あなたが所有する人生で、あなたはそれをいいものにするか悪いものにするかの選択をすることができる。実際あなたはよりよい選択をするか、より悪い選択をするかの自由意志がある」と言います。

そしてどこかで、多くの人たちにとって――特に最近はますます多くの人たちにとって――それが答えではなくなるのです。どこかで、分離しているという感覚は不快だと知ることがあるのです。何かが失われてしまいました。何かが完全ではないのです。

それで、あなたは宗教に行き、セラピーに行き、あらゆる場所に行き、その喪失感を埋めようとすることができます。あなたは悟った先生のところへ行き、その喪失感を埋めようとすることができます。しかし、こういった人々は常にあなたに言います。「そうです。あなたは分離した個人です」。……あなたは刑務所に閉じ込められたままです。夢見る人の刑務所……何かを発見する必要のある分離した人という夢見る人の刑務所……発見すべきものは何もありません。まさにこれです。これしかありません。そして、「これ」ということで私が意味していることは、起こっているように見えること、存在のことです。

あなたは見かけの分離した個人としてここに来て、そこで座って何かを探し求めていると仮定しましょう。それはすでにこれです。起こっているように見えることは何であれ、これです。起こっていることは何であれ、この部屋の誰にも起こっていないのです。この部屋には何かが起こっている誰もいないのです。起こっていることがあるだけです。これが空間です。これが空っぽさです。これが何でもないものです。ここに座っているのは何でもないものであり、その何でもないものの中に起こっていることは、肉体の感覚、音を聞くこと、感情を感じること、考えることです。考えることもまた誰でもないものに起こります。誰も今まで何も考えたことがありません。なぜなら、誰もいないからです。ですから、考えること、感じること、この声を聞くことが起こっているのです。

あるものすべては、生命が起こっているのです。あるものすべては、生の感覚です。生の感覚は存在です。それ以外には何もありません。そこに座っているのは生の感覚だけであることが、突然に見られるかもしれません。誰もあなたに生きていることを教えることはできません。ただ存在だけがあるときに、あなたに**在ること**を教える傲慢さを誰がもっているでしょうか？　あなたは変わらなければならないと言う傲慢さを誰がもっているでしょうか？　何でもないものとあらゆるものだけがあります。これは理解を超え、人間のハートと心《マインド》を超えています。

私たちは一緒に話し合い、言葉を使うことができますが、言葉は超越した何かを指摘したり、指摘し続けるだけでしょう。言葉は分離があるという心の中の幻想を破壊するかもしれません。なぜなら、心は物語作家であるからです。ここで崩壊する可能性があるのは、分離した個人といったものがあるという観念です。もちろん、為される必要がある何かがあるとか、かつて何かをやったことがある誰かがいるという観念もまた崩壊します。

ですから、達成すべきことも、理解すべきことも何もなく、存在しているのはこれです。ただこの生の感覚が誰のためでもなく、わき起こっているのです。

解放はエネルギー的な転換です。それは向こうの世界にいる分離した誰かであるという収縮から、ただあらゆるものがあるという自然で非常に普通の感覚へ戻る転換です。ですから、その収縮があらゆることの中へ拡大し、あなたが自分だと思っていたものがあらゆるものになるのです。

このコミュニケーションはトニー・パーソンズとは何の関係もありません。それはトニー・パーソンズが所有しているものでも、達成したものでもありません。それは個人的な努力や活動を知ることとは何の関係もありません。トニー・パーソンズはこの部屋の中の他の誰とも何の違いもありません。トニー・パーソンズはその腕を振り回しながら話している単なる肉体精神機構にすぎません。

問題は、探求するときに私たちはあらゆることを個人化することです。私たちはこんなことを言いがちです。「私に何が待ち受けているのか？　私はこれから抜け出るために何をすることができるのか？　私はこれになるために何をしなければならないのだろうか？」。これが混乱です。あなたは何もする必要がありません。なぜなら、あなた――これ――はすでに為されているからです。

それは為されています。生の感覚が起こっています。存在がシンプルに在り続けています。そして、自分は何かを見つけなければならない、何か新しく異なったことを見つけなければならないといつも思っているこの探求者が抜け落ちるとき、突然そこに完全なくつろぎがあり、これであるという完全な喜びの中に落ちるのです。存在を知るということではなく、ただシンプルに直接的に存在します。

見かけの目覚めが起こるとき、人々は私たちにこんなことを言うものです。「それはとても可笑《おか》しいことです。長年私は至福と平和と、その他すべての提供されているものを探し求めてきました。これらの年月の間、私はそれを探し求めていながら理解しなかったことは、自分が探し求めていたものは、すでにこれであるということです。それは常にここにあり、一度も私を離れたことはありませんでした。それは完璧な恋人です」

では、それについて一緒に話し合いましょう。あなたが質問をするとき、あなたは答えを得ないでしょう。ある意味ではあなたは答えを得るのですが、その答えはこれだけがあるという理解へ質問者をたえず連れ戻すことでしょう。人生へのすべての答えは、答えは何もないということです。ただ生だけがあります。

これは私の真実ではありません。それは真実ではありません。真実は何もないのです。これは唯一で常にあるものの暴露や描写です。それは再発見です。そのまったくの単純さは心を混乱させます。今日の午後私たちは、心がこれと戦うのが聞こえることでしょう……なぜなら、心は物語を愛しているからです。心は探究と発見についての物語の中にいたがります。今日、分かち合われていることは、発見するべきことは何もないということです。これはすでに、それなのです。

§§§§

私は目覚めについて、あなたにお尋ねしたいと思っていました。なぜなら、私たちはそれを実際に経験するからです。

誰も目覚めを経験しません。なぜなら、誰も目覚めないからです。目覚めはそれとともに誰もいないという理解をもたらすのです。

それから、それは再びなくなるのですか?

いいえ、それがなくなるのではなくて、あなたが戻って来るのです。ただこれだけがあり、そして戻って来て、「さて、これがそれですか?」と言う何かがあります。すべての伝統的な教えは、これがそれであることを否定しています。なぜなら、それらが実際にあなたに言っていることは、「悟りを発見するために、あなたは何かにならなければならない」ということです。あなたが何かにならなければならないというまさにその考えが、すでに**これが存在するすべてである**ということを直接的に否定しているのです。

ですから、誰でもないものに見かけの目覚めが起こるとき、そのとき探求者、微妙な探求者がしばらくすると戻って来て言うのです。「さて、それは何だったのか？　私はそれが何だったのかを知らないが、それが欲しい」。あなたが戻って来るということは、起こったように見えることは、もはやそこにないのです。しかし、事実はと言えば、それがすべてであらゆることです。そしてある意味では、戻って来てそれを所有したいと思う人もまた、それであることがあとで見られ、そのときにすべてが終わるのです。

なぜ私たちはそれを否定したり、戻ったりするのでしょうか？

それが否定されるのは、それを探し求めることに魅力があるからです。それは魅力的です。ワンネスが、それ自身に仕掛けて遊ぶジョークがあります。『分離した個人ではないもの』を探し求めて、分離した個人になる」。しかし、それは探求全体によって完全に魔法にかけられています。それは存在の遊びです。しかしいったん、すべてのあらゆることがある、と見られるとき、なぜという質問はもはやないのです。探求者がいる間、探求者は常に問います。「なぜ私は天国を失ってしまったのか？　どこに天国はあるのか？」。しかし、これが天国です。それを探し求めることさえ、混乱や探求でさえ、無限さの完全に完璧な表現なのです。どこにも行くべきところはありませんし、正しいことも間違っていることもないのです。上も下もありませんし、前も後もありません。存在することとすべてはこれだけです。それは仰天することです。

§§§

では、これは常に即時で今なんですね。

さて、それは今ではありません。今はないのです。それはシンプルにこれです。永遠という無限の現れ。

それが何であれ、それは現実をもっていないということですか？

それは現実で、かつ非現実です。それは何でもなく、かつ何かです。厄介なことは、私たちが見かけの個人になるとき、私たちは何かになるように見えるということです。「私は何かである。そして、自分のまわりのあらゆるものも何かである」。そして、「悟り」と呼ばれている何かに憧れるのです。それで、「私は『悟り』と呼ばれている何かを発見する予定である何かである」。しかし、現実には何かと何でもないものは一緒にあるのです。顕現しているものは、何かと何でもないものが一緒になっているのです。そして、分離した何かは何でもないものを見ることができません。それは何でもないものを見ることを恐れています。なぜなら、何でもないものは個人の死を指すからです。これはほぼ死ぬことです。あなたはここに何かを得るために来たのではなく、何かを……あなたという夢を失うためにここに来たのです。

§§§

もし解放が起こるなら、それは保証されているのですか？

解放は起こる何かではありません……それはすでにあります。しかし探求者にとっては、それはまだないと信じられているわけです。探求者がいないとき、解放だけがあること、存在だけがあることが、誰でもないものによって見られるのです。ですから、肉体―精神が夢見る人として機能することをやめるとき、このことの深部にあるのはただ存在だけです。

あなたはたとえば瞑想が役に立つと考えていらっしゃるのかどうかと、ちょっと思っていました。

さて、誰が瞑想することになるのですか？　それは誰にとって役立つのでしょうか？

今、何ておっしゃいましたか？

誰が瞑想することを選択することになるのですか？

まさに。ということは、その質問は的外れなんですね。

瞑想とはシンプルにあるがままです。このメッセージは何かに反対したり賛成したりしているわけではありません。ですから、このメッセージはあなたが瞑想すべきとか瞑想すべきでないとは言いません。それは、もし瞑想が起これば それは起こるが、瞑想を起こらせることができる人は誰もいないと言っているのです。自分自身に呼吸させたり、椅子に座らせたりできる人はこの部屋に誰もいません。分離の夢の中以外に、自由意志や選択はどんなレベルにおいてもありません。

ということは、私が瞑想しようとそうでなかろうと、問題ではないのですね。

あなたはここで言われていることを本当には聞いていません。瞑想する誰かや、問題となる瞑想がありますか？

§§§

トニー、私たちは聖なる操り人形である、とあなたはCDの一つで言及しました。

はい。

それについてもう少しお話いただけませんか？

肉体—精神は単なる一個の対象物です。その中には誰もいません。それは作動するメカニズムにすぎません。それは成長し、働き、条件づけられ、進行する感情や思考、好み、習慣をもつ機構で、その中にそれをやっている人は誰もいません。ワンネスが単に肉体精神機構としてわき起こっているだけであり、それは進行していることが何であれ、どんな自己意志もなしにそれに反応しているという意味で、聖なる操り人形なのです。しかしながら、操り師はいません。脚本もなく、計画もなく、運命もない……それはすべて永遠の存在が、起こるように見える何かとして現れているだけです。

§§§

トニー、人々が天使からメッセージを受け取る現象について、お話していただけませんか？

それは単にもう一つの現れにすぎません。それはただ物語です。

物語？

それはただ現れにすぎません。この部屋も現れです。今晩ニュースを聞くことは、天使と話すことと同じことです。それは何の重要性もありません。天使は特別な天国的な場所から来ていると心は思ってますが、しかしどんな特別な場所も天国的な場所もありません。他の場所は何もないのです。ですから、天使とはワンネスが天使をやっているのです。しかし、このことを明確にしておきましょう。なぜならワンネスは、その夢を継続させるために、あらゆる種類の理由を創造するのが非常に得意です。ですから、それは天使とかアセンデッド・マスター（訳注：次元上昇したマスター。霊化・肉体化を自由にできる）のようなあらゆる形態で現れるでしょう。あなたはアセンデッド・マスターについて聞いたことがありますか？

はい。（笑いながら）私はちょうどそのことを考えていました。なぜなら、非常にたくさんの本が出まわっているからです。

はい。私も気づいています。（笑いながら）アセンデッド・マスターについて非常にたくさんの本が手に入ります。それもすべて解放とは何の関連もない、もう一つの物語にすぎません。これらの考えをスピリチュアル的に重要だと見なすのはグル的心です。

ということは、これは、こういった人々の心の中でただ起こっているだけなんですか？

はい、それもすべて物語の中にあります。しかしそのときあなたは、すべての現れはある意味では、ワンネスが何であれあるがままとして現れているだけだとわかります。それは誰とも絶対的に無関係です。それはただこれです。あの壁が誰とも無関係であるのと同じように、天使も誰とも無関係です。あの壁はこれであり、天使もそうです。そしてまた、見たところ死者に話しかける人々もいますが、それもすべて同じ種類のことです。それはすべて存在の遊びです。

チャネリングのように、ですか？

はい、いわゆるチャネリングです。それは現れです。

それでは、チャネリングも可能なんですか？

どんなことも可能のように思えます。心はそれ自身の解放以外は、どんなこともできます。ですからワンネスは、心を通じてチャネリング、天使、アセンデッド・マスターなど、こういったすべてを創造するのです。それはただワンネスです。しかしご存じのように、探求者たちは奇妙な現象に心惹かれます。なぜなら、それはある種の魔法のように見えるからです。先生のところに通っていて、その先生が舞台の上で消えることを報告している人々を私は知っています。それから、たぶんその先生が再び現れると、彼らが消えます。（笑いながら）そしてそれから彼らが先生になり、先生が見るものを見るのです。こういったすべてが継続していきます。すべてまったく無意味な魔法です。しかし、ワンネスはあらゆる種類の形態で現れています。もちろん人は、これが悟りと何か関係があるという考えに誘惑されます。

ですから、あなた方はある種の魔法的方法で物事をおこなう先生のところへ行くことができますし、非常にカリスマ性のある先生のところへ行くこともできます。あらゆる種類のやるべきことを教えてくれる先生のところへ行くこともできます。しかしここでは、あなたが得るものは何もありません。

では、心を取り去りましょう。心をわきにやりましょう。

さて、誰が心をわきにやるんですか？　夢見る人は心をわきにやることはできません。なぜなら、夢見る人が夢見ているからです。心は物語作家です……「私はワンネスを探し求めている夢見る人である」。心といったようなものはないのです。あるのはただ考えることだけです。一つの思考があり、また別の思考、それからまた別の思考があるとあなたは考えます。心などというものはないのです。しかし思考の一つが、「私は分離した一人の人間である」なのです。それから別の思考が、「私は『これよりよい』と呼ばれているどこかへ行くことができる」です。こうやって物語制作が起こるのです。

解放の全ポイントは、物語とは何の関係もないということです。解放は物語にかかわらずシンプルにあるのです。解放が存在するすべてです。そして、その解放の中で物語の現れが起こります。それは「探求を超えたものを探し求める探求者の現れ」とでも言えるでしょう。ですから、何の関係もないのです。心は以前に起こったことと、今、表現されていることが関係あると考えるのが好きなことは、私も知っています。しかし、以前に起こったことは解放とは何の関連もありません。あなたはワンネスに忍び寄ることはできません。あなたはあらゆることの近くに動くことはできません。ただあらゆることだけがあります。その間あなたは存在へ忍び寄ろうとしたり、近づこうとしたり、存在への道に沿って動こうとしたりしますが、存在の方向へ動こうとしているあなたが、すなわち存在なのです。

でもその認識は、あなたが話していることを認識しようという、どんな種類の試みによっても得ることはできません。それはただ起こるのです。

絶対的にそうです。それは聞かれるか、あるいは聞かれないかです。

一人の個人ができることは何もないのですか？

いえいえ、違いますよ。それはここで言われていることではありません！　その考えは**何もすることができない個人がいる**ということをほのめかしています。公然の秘密《オープンシークレット》とは、どんな個人もいないし、それゆえどんな種類の意志もないことを暗示しています……夢の中を除いて。

しかし、あなたはただ生だけがあり、私たちはそれを経験していると言っていませんか？

いいえ、ただ生だけがあります。存在があることのすべてです。

ただ生だけがあるのですね。私たちは自分がそれを経験しているとただ思っているのです。

人々は生の中で、それは自分の生であり、自分の経験であると思っています。分離した個人は、起こっていることは「自分」と呼ばれている中心的実体に起こっていると信じ、それを経験します。しかし存在するすべては、生が起こっているだけです……見たところ。それは完全にまったく単純です。

完全にまったく無意味。

まったく無意味です。見かけの分離した実体にとって以外には。

しかし、実際はそれも問題ではないわけです。

何も問題ではありません。でもそのとき、おわかりのように、見かけの個人は「ああ、私はどんなこともやることができる」と思うのです。あなたは何もやることができません。なぜなら、あなたは「悟っていること」をやることができず、「悟っていないことを」やることもできないからです。あなたは何もやることができないのです。なぜなら、どんな個人の意志もないからです。あなたは何もやらないこともできず、あらゆることをやることもできません。誰もいないのです。一方で、このメッセージは信じられないほど解放的ですが、その一方で個人の探求者にとっては完全に苛立たしいものです。あなた方は今ここから出て銀行を襲撃することはできません。誰が銀行を襲撃するのでしょうか？

§§§

というこことはトニー、何でもないものをまさに観察している何でもないもの、この何でもないものは全知なのですか？

私たちが考えるようなすべてを知るという意味では、違います。それは全知である必要がありません。なぜなら、何でもないものはすでにすべてであるからです。私たちが考えるような類いの全知とは確かに無関係です。なぜなら、すでに何でもないものとあらゆるものがあるからです。これは原因のない無限の存在であり、ですから情報の必要性がないのです。これは知らないことの驚きであり、その中ではあらゆることがまったく新しいのです。もはや情報は必要ではありません。

しかし、あなたは向こうのどこかにある分離した対象物としての何もなさを描写しますが、その一方ですべてとあらゆるものは何もなさなのです。それは発見されるべき何かではなく、それはすでに存在なのです。

§§§§

人々は心などというものは何もない、エーテルとか何とかの中に思考の束がただあるだけと言います……つまり、たとえばこの肉体ー精神の中に浮いているこれらの思考は、ときに非常に奇妙です。なぜこれらの思考は飛びまわっているのですか？

あなたが言っていることは、なぜ何かがあるのかということです。思考は感情や音などと何の違いもありません。思考は起こっていることのただもう一つの部分にすぎません。ですから、思考はやって来て、それらを受け取る人がいる間、ある程度パワーをもちます。

私たちは心と呼んでいるものを尊敬するように育ちましたが、そんなものはないのです。私たちは自分がもつ思考の大部分を尊敬します。なぜなら、私たちはそれらが自分をどこかへ連れて行ってくれると思うからです。すべての夢ー思考はどこかへ到着することに関するものです。「彼女は私を愛している」、「私は明日悟るだろう」など、こういったすべては期待です。ある意味ではそれはまったく、どこかにたどり着こうとする誰かがいるという逆説を推進することです。しかし、それは夢—思考として単に存在がわき起こっているだけです。

でも、私たちはこれを生み出しているんじゃないですか?

いいえ。あらゆるものは何でもないものから生じるのです。それは単に見かけで起こっていることです……誰でもないものに。誰も何も考えたことがありません……誰もいません。

§§§

ということは、あらゆる瞬間に起こっている、生じている、思い浮かんでいるあらゆることはまさにそう定められている、ということにただ明け渡し、それを受容することがあるだけですか?

いいえ、それはそのこととは絶対的に無関係です。それは受容とは何の関係もありません。それは、瞬間に起こっていることを受容する誰かとは何の関係もありません。なぜなら、何も起こっておらず、どんな瞬間もなく、誰もいないからです。

ワンネスがワンネスを認めることに、何か意味がありますか？

ワンネスはワンネスを認めません。ただワンネスだけがあるのです。どんな行動もありません。存在するすべてはこれです。存在は完全に無行為で、その中で見かけの行為が起こるのです。

もしこの特定の壁がトニー・パーソンズにとってどんなふうに見えるのか、誰も知らなければ、分離感があるように思えます。

はい。

それは矛盾しているというか……私が言わんとしていることをわかっていただけますか？

はい。分離した個人という夢の中で、あらゆることはユニークに起こります。なぜなら、それしか存在しないからです。ですから、その夢の中でその見かけの探求者にとって、あらゆることは完全にユニークです。

解放の中でもまだそのユニークさがあります。違いは、それが起こっているその中に、誰もいないということです。それはただ起こっているのです。そしてまた見られることは、それはユニークさとしてわき起こっている何でもないものである神秘です。それは完全に理解不能です。誰もおらず、全分離が抜け落ちる解放の中で、わき起こっているように見えるユニークな二元性の祝福がまだあることは、決して理解されえません。しかし、その二元性が存在の遊びとして見なされます。ですから、そのとき見かけの二元性は祝福されているのです。

だったら、私たちもまだ祝福しているのですか？

見かけの二元性、つまり私たちが見るこの世界、この夢は、そのとき誰でもないものによって祝福されているのです。

二元性と非二元性としてですか？

二つがあるわけではないのです。ワンネスが二つの見かけとして起こるのです。

それは神秘、逆説です。

はい。あなたは決してそれを理解しないことでしょう。なぜなら、**あなたはそこにいて**、それを理解しようとしているからです。誰もいないとき、存在だけがあります。

それは心がない状態ではありませんか？

いいえ。考えることはまだ起こります。間違っていることは何もないのです。解放においても、あらゆることが起こる可能性があります。考えることも含めて否定されることは何もありません。考えることがワンネスからどういうわけか切り離されている、という考え全体が無知です。存在するのは存在が考えていることだけです。「私はお茶が一杯飲みたい」、「私は破産するだろう」、「彼女は私を愛していない」などです。思考が起こります。一つの思考が起こり、別の思考が起こり、また別の思考が起こり……それは思考が起こっているのであり、また考えることが起こっていないときもあります。

§§§

ということは、私である生の感覚は彼女である生の感覚と同じなんですね……

絶対的にそうです。それはただ生の感覚です。見たところ非常に豊かな異なるやり方で、それはただ起こるのであり、ただただ驚愕すべきことです。しかし、それが起こる様々な様子は完全に無意味です。それはワンネスが二つとして現れ、見かけは完全にユニークであるという絶対的な喜びです。この物語の中で、今ここで何が起こってもユニークです。それは二度と起こらないことでしょうし、以前に一度も起こったことがありません。それは完全に新しいです。起こっていることは完全に新しいのです。それは見かけ上でやって来ては去って行きます。それは生きていて、かつ生きていません。あなたは完全なる新しさの中に座っていて、完全なる新しさを呼吸しているのです。あなたは完全なる新しさを考えているのです。今まで誰もこんなふうに話した人はいません。それは完全なるユニークさです。起こる、抜け落ちる、起こる、抜け落ちる。それは驚くべきことです。

トニー、あなたはたった今、前と後と言いましたが、それは時間です。

どんな前も後もありません。

でもあなたはたった今、「それは以前には決して考えられたことがない」と言いました。

以前があると思っている誰かにこのことを描写しようとするためです。見かけ上で起こっているることが完全にユニークであるということは、驚くべき理解です。それは人々が以前に起こった何かとして考えることを描写する、もう一つの方法です。私が言おうとしていることは、その椅子に座っているあなたは、以前には一度も起こったことがなかったということです。しかし、私はこのことを以前があると考えている誰かに対して話しています。そういうことで、ただこれだけがあるのです。

私はT・S・エリオット（訳注：一八八八〜一九六五。イギリスの詩人、劇作家、文芸評論家）からの引用、「世界が回転しているこの静止地点で……そこにダンスがある」という言葉を思い起こします。ですから、それは静寂の中で本当は起こっているのです。

そして、沈黙です。これは静寂であり、沈黙です。これは静寂が動き、沈黙が音を出しているのです。それは完全に新しいのです……見たところ。

§§§§

もし私が誰かに、これまでに何を得たかと尋ねられたら……

今日、何を得たかという意味ですか？

はい、今です。はい、今日です。ここにいることによって。

あなたは何かを得ようとしているのですか？

はい。

いいでしょう。ＯＫです。けっこうです。

今まで一度もあなたのことを聞いたことのない誰かが、もし私にあなたが何を言っているのかを尋ねるとしたら……そのポイントは何で、彼は何を話しているのかと尋ねるとしたら、私なら彼はこの瞬間の受容について話していると言うことでしょう。

私はそれをそう認識しています。私の認識は間違っているでしょうか、それとも正しいでしょうか？

それは間違っていませんが、正しくもなく、それがそこで認識されたことです。しかしこれは、ともに物語である受容も瞬間も超えています。ここで提言されつつあることを受け入れることができる人は誰もおらず、そしてどんな瞬間もないということです。どういうわけか一つの瞬間は、他の瞬間も含むのです。どんな瞬間もないのです。それは今ここにいるという考えのようなものです。ここにいることができる人は誰もおらず、どんな今もありません。そして、これを受け入れることができる人も誰もいません。私はあなたがこれを受け入れることを提案しているわけではありません。なぜなら、この認識では、分離したどんなあなたもおらず、為す必要があることは何もないからです。分離した実体がもはやいないとき、存在するのはただこれだけであることが見られるのです。

あなたはトニー・パーソンズとしてこれに到達したのですか？

私は絶対的に到達しませんでした。それが私の話していることの全ポイントです。ここで伝えられていることは、トニー・パーソンズとは何の関係もありません。トニー・パーソンズはこれに到達しませんでした。そこがポイントです。トニー・パーソンズはもはや存在せず、その意味で、探求者であり、夢見る人です。しかし、私はどこにも到着していません。到着すべきどんなところもなく、どんな人もいません。しかし、これが存在するすべてです。

私は少しわけがわからなくなっています。

けっこうですよ。ここにいる全ポイントはわけがわからなくなることです。

私は向こうでもわけがわからなくなっています。

しかし、向こうにいてわけがわからないと感じている人が、もはやいなくなることは可能です。これは何かを知ることを学ぶことではないのです。

もし何もないなら、ここにも何もないわけですが、そうですか？

はい。

それはすべて幻想です。それは夢です。

あなたがそれは幻想であると言うとき、私ならその言葉は使わないと思います。なぜなら、私が思うに、それは少々混乱を引き起こすからです。これは現実で、かつ非現実です。夢を見るとは、分離の夢ということです。

はい。

もし私がその壁は幻想であると言うと、あなたは壁のところへ行って、壁に頭を打ちつけるかもしれませんが、壁はまだ壁としてあり、またあなたの頭の痛みも痛みとしてあることでしょう。しかし、その両方は何でもないものが、これとして現れているのです。

しかし、これが壁であると知るように私が条件づけられているただそのせいで、私は自分の頭を傷つけるのです。

まったくそうではありません。どんなあなたもいません。どんな条件づけもありません。どんな壁もありません。しかし見かけの中で、壁に自分の頭を打ちつけることができるあなたがいれば、その頭は傷つくことでしょう。

そのとおりです。でもそれは私がここで、この人生の中で眠りに落ち、夢を見て、その夢がまるで現実として見えるようなものです。

はい。

物事が起こっています。

見たところ。

翌朝、私は目覚めて、「ああ、あれはただの夢だったのか。何も起こらなかったのだ」と発見するわけです。

はい。探求者が翌朝目覚めるとき、非常に現実に見えるもう一つの夢がまだあるのです。それは分離した個人であるという夢です。

そうです。ですから、それは私が夜に見ているのと同じ種類の夢なのです。

夢はそれが何であれ、あります。それは現れです。

ええ。それは空想ですね。

もしお望みなら、それを空想と呼ぶこともできるでしょう。しかし、それは現れです。それは何でもないものが、あなたの寝室やあなたの体、ベッドの中のあなた、その他として現れているのです。

でも現実にはどんな体もないわけです。

体が現れているのです。しかしいつも誰かがいて、その分離した個人は常に何かを探し求め、たえず切望し、そして何でもないものを恐れているのです。

それは何かであるというこの夢の中で生きているので、自分が望むのは多くのお金とか多くの恋人、多くの何かだと思うのです。しかしまた結局、最後の探求は「悟り」と呼ばれている何かを求めることです。「悟り」と呼ばれているものは何でもありません。なぜなら、それはすでに何でもないものであり、かつあらゆるものでしかないからです。

夢見る人がもつ困難は、自分が望むものを常に何か他の中に探し求めていて、何でもないものがあらゆるものであることを決して見ることができないことです。それはその人が実際に望んでいて、また恐れるものです。ですから、そのことは完全なる窮地……『キャッチ＝22』（訳注：元々はジョーゼフ・ヘラーが一九六一年に発表した軍隊の狂気を描いた小説のタイトル。ジレンマや逆説的で皮肉な状況を指す）の状況です。

ほとんど悪循環のようなものですね。

はい。それはそう見えます。求めている間は、それはずっと秘密です……それはまた公然とあらゆることです。

§§§

ということは、ミュンヘンはないのですか？（笑）

はい、ミュンヘンはありません。ミュンヘンもありませんし、ロンドンもありません。これ以外に何もありません。もしあなたが立ち上がってここから歩いて出て行けば、起こることは、何でもないものがあらゆるものとして現れて、それは階段に見えることでしょう。ですから、あなたはどこに行く必要もないし、何も知る必要もないのです。悟りはあらゆることを知ったり、あらゆることを見たり、アフリカで何が起こっているかを見ることとは、何の関係もありません。なぜなら、これがすべてだからです。これが完全にすべてです。

でも私がアフリカにいるとしたら、そのときはアフリカがすべてです。

はい、絶対的にそうです。

そして、私がアフリカにいる間は、これは存在していないのです。

はい、絶対的に存在していません。あなたの家は存在していませんし、あなたの恋人も存在して

いません……ところで、あなたには恋人がいますか？（笑）

で、これが存在するすべてなんですか？

これが存在するすべてであり、自分が存在について何をすることができるかを心が考えることは、まったく重要ではありません。心がどこへ行こうと、それが何をしようと、常に存在がこれとして現れているだけです。

この現象全体があるやり方で、「あなたは他の七十人、八十人の分離した人々と一緒にこの部屋に座っている分離した人である」という逆説を推進しています。「私は何かである。彼は何かである。トムは何かである。で、トニー・パーソンズは何かである」。その一方で現実では、これは単に何でもないものが何でもないものに話しているだけです。何でもないものが何でもないものに、「さあさあ、すでに何でもないものとすべてがあります」と言っているわけです。

肉体―精神を経験することも、思考を経験することと何の違いもないわけですか？

はい、それがただ起こっていることです。見かけの目覚めが起こるとき、最後に抜け落ちるのは場所の感覚であると、私は言わねばなりません。なぜなら、これは私の体で、私は動きまわっているということが、私たちの中にあまりに深く染み込んでいるからです。私がここから歩いて出て行くとき、それらが見られることです。ある意味では、それが最後に抜け落ちることです。この肉体は単に肉体であるという覚醒があるのです。それは誰かの肉体ではなく、所有されていません。

私はいつも自分の子供時代を考えます。たぶんそこにあるものが場所を特定された最初のときで、すなわちそこは……これはそこにあり、これは私であり、これはあなたでありという……

そしてそれから、快楽を求め、苦痛を避けることが、そういった活動の非常に強力な一部となります。ですから、常に憧れがあるので、分離のあとで私たちは快楽を求め、苦痛を避け、そうやって私たちは「取引」をする人々になり始めるわけです。私たちが自分の母親に自然に微笑むと、母親も微笑み返してくれ、私たちはそれが好きなので、そうし続けるわけです。

§§§

ワンネスがワンネスを知ることに、何か意味があるのですか？

さて、ワンネスは何も知る必要がありません。ただワンネスがあるだけです。一つも行為がありません。存在するすべてはこれだけです。それは完全に非行為です。その中で見かけの行為が起こるのです。しかし、分離した個人という夢の中で、あらゆることはまだユニークに起こります。なぜなら、それしかないからです。

ですから、その夢の中で、あらゆることはそれにとっては完全でユニークです。解放の中でも、ワンネスの覚醒の中でもまだそのユニークさはあります。違いは、そこの中にはそれが起こる人は誰もいないということです。何でもないものがユニークさとしてわき起こっているのです。それは完全に不可解で、知る者のいない知られざる存在性です。

誰もおらず、分離が完全に抜け落ちた解放の中でも、まだユニークな二元性がわき起こるように見えることは、決して理解されないことです。しかし、そのときそれは存在の遊びとして完全に見通されます。

§§§

あなたはときに線的時間に対するものとして、垂直的時間について語ることがあります。

いいえ、垂直的時間ではありません。垂直性です。

垂直性。では、それが何であるとしても、その転換のようなものが見かけで起こるとき、それが垂直性ですか？　それが物語の終わりですか？

垂直性が、永遠のこれだけがあることを見ているのであり、それはまた時間の物語を楽しんでいるだけでなく、その物語を見通し、その物語が完全に無意味であることを見ていて、それに対してどんな関わりも、パワーももはやもっていないのです。それは見かけの時間の中で起こるだけで、それがあるがままです。

しかし、それは何かによって見られている……

物語は、あらゆるものである何でもないものとして見られます。私はこれを実際理解しようとはしないでしょう。

ということは、あなたが今回のリトリートですでに数回言ったと思うのですが、普通の生活の中で、実際に思考も含めて多くの普通に見ることがあって、それが正常であると言ってもかまわないのですね。私たちはみなそれに気づかずにそれをやっているわけです。それから、私が感じるこの種の心理が、日常生活の習慣を通じて所有権を主張するベールとしてやって来るのです。

はい。ですから、目覚めが起こるとき、それは「ああ、これってずっとそこにあった」と報告するのです。

まさにそうです。

ですから実際には、ただ存在だけがあります。この見かけの全体の中で、ただあるがままだけがあります。これだけが起こっています。それは逃れられません。それは唯一のすべてで、あらゆるものです。

どういうわけか、私が感じる心理がやって来て、「私」と言い、それはある種それ自身を見ることを妨害します。なぜなら、それはあまりに微妙なので覆い隠して……

はい。ですから、それは公然の秘密《オープンシークレット》です。

まさにそういうことなんですね。

それはずっと秘密で、その秘密を解こうと努力する誰かがいるわけです。するとそれは秘密のままです。しかし、それを探し求める人が誰もいないときだけ、それは開かれ、明らかになるのです。

それは永遠のようなもの、ではありませんか？

それは永遠です。

それにもかかわらず、私たちが話し合うとき、「私は昨日悟った」などと人々は言うわけですが、悟りが起こった昨日は決してなかったのです。

はい、そうです。そして、悟った人も誰もいなかったのです。

それは非常に穏やか、ではありませんか？

穏やかです、はい。

穏やかに驚くべきことです。

はい、確かにそうです。

私が思うに、心はそれを理解しません。

はい、しないです。

それは理解不可能です。

そのことは、最初の目覚めのあと、私が本当に衝撃を受けたことです。そこに誰もいなかったのに、それから誰かが戻ってそれについて報告する。その当時、私はキリスト教に関心があったのですが、人が罪を犯すことができ、それから許されるというこの馬鹿げた考えが理解できなかったのです。それから突然私は、許しの本当の意味は、許す人も許すべきものも絶対的に何もないということだとわかったのです。あなたが何度道を踏み外すように見えようが、何をしようが、何をしなかろうが、問題ではないのです。あなたがどれほど求めようが、あるいは求めなくても、問題ではないのです。ただこれであることだけがあるのです。それは無条件の愛です。

そのとき、あなたは安堵を感じましたか？

それはただ驚きでした。私たちがもっている考え方の背後にある本当の意味や質は、宗教的教義や原罪という観念を絶対的にナンセンスなものにします。

穏やかさの一部は、非常に深いユーモア感覚のような感じです。

まさに、絶対的にそうです。これのすべての中に本当に本当に深いユーモアがあります。私が言わんとしていることは、ある意味では宇宙的ジョークだということです。それは唯一の宇宙的ジョークです。それは町で一番のジョークです。

町で唯一のジョークですね。

唯一のジョーク、そういうことです。言い換えるならば、生の感覚が存在するすべてであると非常にシンプルに言うこともできるでしょう。生が五感を通じて感じられ、そしてまたわき起こる六感の感情や七感の思考を通じても感じられます。そのすべてが純粋な生です。生の感覚以外に何もありません。それが存在するすべてなのです。

このことについて驚くべきことは、この部屋にいる全員が純粋な生の感覚であるということです。ここに座っているのは、シンプルに完全にただ生の感覚です。それが事の始まりであり、終わりです。それ以上言う必要は何もありません。ありがとうございました。

サンスクリット語のアドヴァイタという言葉は、語られることが不可能な何かを指摘しています。私たちはたくさん話をするわけですが、自分たちが話し合おうとしていることを決して描写できないのです。またそれは理解されることも知られることも不可能です。

アドヴァイタという言葉はまた、ワンネスと呼ばれているものから分離している何かがあるという観念の虚しさを指摘しています。ですから、私たちはある状態に到達することについて話し合うつもりはありません。私たちは至福や静寂や沈黙、気づきの状態を発見するために、ここにいるわけではないのです。どれほどの自己探求も、すでにあるものへ探求者を連れて行くことはないからです。ですから、私たちはここで何かを探し求めるつもりはありません。なぜなら、発見するべきことも得るべきことも何もないからです。

私たちが話し合っていることは、あまりに明白なので完全に隠され、あまりにオープンなので完全に秘密なのです。それを得ようとしている誰かがいる間は、常にそれは隠されたままです。私たちがそれを探し求めている間は、常にそれは見えないのです。それは達成されることも、失われることも、教えられることも、与えられることもできず、持ち去られることもできません。

それが語られたり、理解されたりできないのは、それがすでに何でもないもので、かつあらゆるものであるからです。それはこの部屋の中で最大のものであり、この部屋の中の唯一のものです。つまりそれはこの部屋で起こっている唯一のものなのです。この部屋で起こっていることは、ただそれだけです。そして、その内部に――私たちが求めるその中に――それを求めている私たちがいるのです。ですから、存在を求めることを、存在が求めているのです。私たちが自分はそれから分離していると信じていたり、それから分離していることを経験したりしている間は、私たちは常に必然的にそれを求めているのです。

探求者は自分が失ったと夢見ているものを発見するために動きまわるときだけ、機能することができます。そしてそれは、完全に静止しているものを発見するために動きまわっているのです。時計が時を刻み、探求者は静止し永遠であるものの発見を期待して、時間の中を動きまわっているわけです。

私たちが話し合っていることは、あなたや私には何の関係もないことです。あなたや私とは絶対的に何の関係もありません。それは個人的経験とは何の関係もないのです。あなたはこれを得ることはありませんし、かつてこれを得た人は誰もいません。なぜなら、それは誰もいないことについてだからです。私がそれを得たわけではないのです。私はあなたが知らない何かを知っているわけではなく、あなたがもっていない何かや失われた何かをもっているということではないのです。

それは喪失、完全なる喪失についてです。それは私たちが大人になるにつれて信じるようになった何か——自分は個人である、自分は自由意志と選択をもつ分離した個人である、私たちはこの世界で自分の人生をうまくやっていくために何かをすることができる、そして心《マインド》は私たちがそれをやるのを助けようと努める——こういったことの喪失です。しかし、私たちの中には、人生は単なる成功や金持ちになることや、そういった物質的な豊かさがすべてではないという考えのほうが、もっと心に響く人たちもいます。

それで私たちは宗教をのぞき、セラピーや瞑想をのぞき、あるいは自己探求をのぞくわけです。つまり、自分たちをある種の完全さへと連れて行ってくれる悟りの学校をのぞくわけです。私たちは何か完全でないものがあることを知っています。これはそれではない、まったくこれではない。それは少々しっくりこないから何か別のものがあるはずだ。それは悟りだろうか?

それから心は、悟りとはどんなものかを思い描くわけです。悟りとは、至福で遍在で全能で、みんなが自分を愛してくれ、自分もみんなを愛し、この美しいピンクがかった靄の中をあなたは歩きまわる（笑）。そして人々があなたのところへやって来て言います。「あなたが悟ったとお聞きしましたけど？」。で、あなたは言うわけです。「はい、そうです」（笑）。「では、私の友人の何人かに話に来てもらえませんか？」。で、あなたは言います。「はい、いいですよ……」。あなたが行くと、何人かの人がいて、あなたは自分がどうやって悟ったかを話し、それは素晴らしく聞こえ、彼らはその話を愛します。彼らがあなたを見ると、あなたはある種非常に静寂で、明らかに完全に調和して至福にいます。彼らはあなたのようになりたいのです。彼らの友人たちもあなたのようになりたいので、人々がますますたくさんあなたのいる部屋へやって来て、ついにはもっと大きな部屋にしなければならなくなり、聴衆で膨れあがります。そうなると、あなたは自分の友人にこんなことを言います。「この位置だとみんなからは私が見えにくいので、檀を作って、大きな椅子もあったほうがたぶんいいと思うけど」

みなさんもご存じのように、私たちの心は、悟りとはどのようなものだろうかという考えをもっています。それは宝くじ、スピリチュアルな宝くじです。それはあなたが当たることのできる最大の宝くじです。それは百万ポンドの宝くじに当たるよりもいいのです。なぜなら、あなたはすべてをもっていて、あなたはただそこにいて、完全に安全で、至福を得て、あらゆることが素晴らしいからです。

そして、そこに問題があります。なぜなら、もちろん実際には、悟りはそんなものでは全然ないからです。悟り、解放は完全に絶対的に普通です。それは素晴らしくありません。それは至福に満ちていません。それはあらゆることへの答えではありません。人生は続いていきます。人生は以前と同じようにただ続いていきます。しかし、解放があるときの違いは、人生が起こっている誰かがいるといういかなる感覚も抜け落ちることです。解放は不在、解放は喪失――分離の喪失です。そしてその喪失の中で、空っぽさが満たされるのです。

その空っぽさはまた充実です。何もない中で、つまり何もないとき、あらゆるものがその何でもないものを満たすのです。

どんな質問でもしてください。あなたがどんな質問をしようと、問題ではありません。もし質問がわき起こるなら、それはわき起こるためにそこにあり、何でもないものと出会い、何でもないものによって答えられます。心は答えによって決してどこへも到達することはありません。

これは絶対的に完全にまったくシンプルで、そして非常に困難です。それが非常にシンプルなのは、それが完全に明白であるからです。それが困難なのは、それが個人にとっては恐るべきことだからです。個人性を失うという感覚は、個人にとっては恐るべき観念なのです。

§§§

昨日あなたは、探求することが見ることをまさに妨害すると言いました――私はあなたの言葉を言い換えています――探求はただ現れが素晴らしいゲームをしているということであり、ある意味で注意の偏りでもあるわけですが、でもそういったすべてが同じ源泉から来ているという理解を与えることに役立ちます。

同じ源泉、はい、そうです。しかし、その中のかけらが同じになりたくないと思っているのです。あるいは、自分は同じ源泉ではないと考えるのです。

しかし、そのすべてがただの遊び、あるいは、「聖なる遊び」と呼ばれているものです。

それは絶対的に存在の聖なる遊びです。そして、存在は誰かがこれを見るとか見ないとかという考えにまったく関心がありません。なぜなら、存在しかないからです……非覚醒もまた存在です。ですから、存在が苦しみ、存在が笑い、存在が探求し、存在が発見し、存在が発見しないのです。それ以外には何もありません。もちろん、そのすべてが完全に完璧に全体です。それだけがあり、ですから、それが存在するすべてです。しかし、その全体性の中に、それが全体性ではないと考えている何かがあり、それもまた存在で、存在が分離しているのです。

存在にはどんな要求もありません。しかし、存在の中にわき起こることは、必要と要求がないことを発見したいという見かけの必要と要求です。

そして、その神秘はまさにはかりしれないものです。それはただ神秘です。

そしてそれへの探求は、私たちが生きている世界の中に反映されています。なぜなら、私たちがするあらゆることはそれへの探求だからです。すべての宗教、すべての見かけの個人的活動は単にこの未知への探求です。

注意の解消、分離しているという感覚の消失ですか？

それは分離していないことへの探求です。探求者はこれを見ることができません。なぜなら、これは永遠の存在だからです。これは時間の外にある、空間の外にある、達成可能の外にある、永遠の存在です。ですから、私たちが達成しようとしていることは達成されえません。なぜなら、それはすでに存在するすべてであるからです。

ある種、受け入れがたいです。私が受け入れがたいことは、スピリチュアルな探求がお金やセックスや権力などを探求することよりも、よりよいことでもより高いことでもなく、より洗練されたことでもないということです。

絶対的にそういうことです。すべての欲望は、究極的には故郷へ帰還するための探求です。この逆説、神秘について奇妙なことは、為されているあらゆること、つまりすべての探求、すべての獲得、すべての個人的活動、教会や帝国のすべての建設は存在性です。それは純粋な生の感覚です。それは驚くべき奇妙な逆説です。

何かのいにしえのヴェーダの経典やそれと似たようなものの中で、それがどのようなものなのか、なぜそうなのかについて語られているところがありますか？　つまり、私が知るところによれば、バガバッド・ギーターが、それはただ実験であると言っています……

それは違います。どんな「なぜ」もないですし、どんな実験も選択もありません。伝統的議論はワンネスが二つであることを選択し、そしてもしワンネスが二つになることを選択できるなら、それは再び一つになることも選択できるだろうということです。これは時間、原因と結果にもとづくおとぎ話です。

何も一度も選択されたことがありません。選択と動機の夢全体は、時間の中で「二元性」と呼ばれている場所から「ワンネス」と呼ばれている場所へ、意図をもって前進することができる何かがあるということです。存在以外に一度も何かがあったことがなく、これは永遠の何でもないもので、かつあらゆるものです。それはどこかへ行くことではありませんし、決してどこかであったことも一度もありません。どんなどこもないのです。現象の中以外には時間も空間もありません。これ以外には何もなく、これは何でもないものが起こっているのです。

私は今、その質問は分離の観点からわき起こっていて、だから、それはある意味では本質的に答えられないものだということがわかりました。それはただ答えられないのです。なぜかと言えば、それが分離の観点から来ているというただそれだけの理由です。全体を一瞥《いちべつ》するとき、どんな質問もないからです。まったく何の質問もないのです。何かを知るどんな必要性も、ただ不在なのです、なぜならそれは、ただ在るからです。ですからそのとき、その質問は人を引っかける輪のようなもので、それが単にわき起こっているのです。

はい。それは人を引っかける輪で、分離が「なぜ」や探求の質問を生むということは、絶対的にそういうことです。あなたも言ったように、誰もいないときには、どんな輪もなく、どんな質問もないことでしょう。知る者もいなくて、知られるものもない……そして、なぜと尋ねるものも誰もいないのです。

しかし、その観点の内部では、それは最もワクワクする質問です。

はい、実にそういうことです。分離の中にいる存在は「なぜ」と尋ねることを愛しています。そして、その魅惑が宗教を生んできました。探求者の中の「なぜ」がキリスト教を生み、仏教や何かになる教えと呼べるようなその他のすべてを生んできたのです。そうした何かになる教えは必然的に、何かの道に従う選択と意志をもつ分離した個人がいて、その個人が一つの状態から別のよりよい状態に移動し、質問がない答えを探し発見したがるという、根本的に誤った概念にもとづいています。

そして、答えを欲しがることは分離した観点からの主張であり、それは分離した観点からのまさに生存の主張です。つまり、もし私が生存するなら、私はこのことについて答えをもつことができるべきだ。なぜなら、私はこれを考えることができ、これを経験することができるからだ――それは、「私は生存する」のある種の主張です。

絶対的にまさにそういうことです。心の中の質問は、私は分離した個人で、答えを望み、要求し、答えを得る権利があるという主張です。こことどこか他の場所の違いは、そういった質問への対応が答えを求める心を満たさないことです。心はそれが理解できない方向への指示にたえず出会います。そうやって質問が干上がり、するとあとに何も残らないのです。

答えを求める別の非常に強力な要素は、無価値さの経験です。なぜなら、分離感覚は全体から拒否されているという感覚だからです。ですから、すぐに途方もない無価値感がわき起こり、もちろん、たいていの宗教、たいていの「主義」は、そういった無価値感に直接的に訴えかけます。ですから、それが探求のもう一つの強力な要素です。なぜなら、何かになる宗教や教えは、虚偽にもとづいている私たちの夢状態の無価値感をどうやって克服するかを教えているからです。

それはそれほど強力なメッセージです——「はい、私は無価値です。私は無価値に感じます。何かが間違っています。だから、何か間違ったことをやったのは私に違いありません。それを正す方法を私に教えてくれませんか?」

§§§

トニー、質問してもいいでしょうか……こういった時間の問題で、私の経験の中でこれはこれであるということが非常に明確な場合があります。でも、また別のときには、たとえば教会の庭を眺めて古い墓石を見たりするわけですが、それは異なった時代のものです。

それはあなたに異なった時間を報告するわけですが、それもまだこれにすぎません……見かけで起こっていることです。

はい、ですから、それは以前に起こったような何かに見え、私はその混乱を超えて見ることもあれば、そう見ないときもあります。あなたがこれに関して何か言ってくださることがあるかどうかと、ちょっと思っていました。

まだ分離した実体がいるときには常に、見られることは物語として見えるのです。もしあなたが墓石を眺めるならば、「ビル・ダニエル――一九一七年に死亡」とあり、これはあなたの物語の中の誰か他の人についての物語です。

ということは、どんなビル・ダニエルもいなかったわけですか?

はい、いません。

では、トニー、あなたがこれはすべて何もないと言うとき、これらの現れ、つまり壁や見かけの人物などのすべては、ただ幻想ということですか？

幻想という言葉は誤解を生みやすいと思います。それは何でもないものが何かとして現れているのです。それは現実で同時に非現実です。それは何でもないものが壁として現れていて、それは現実に見えるすべての機能をもっているのです。これは何でもないものが肉体として現れているのです。ですから、解放の中ではあらゆるものは何かであり、同時に何でもないのです。ということで、あらゆるものは、あるがままに見られ、何のベールもありません。ベールとは他のあらゆるものもまた、もう一つの分離した何かにすぎないという思考のベールです。

あなたは常にあれやこれやの現れがあると言っているのですか？　で、その中でさえ……

いいえ、何もありません。常に何もありません。

一つの現れもないのですか？

現れがあり、同時にないのです。しかし、常に何もないのです。分離の夢がもたらすものは、時間と物語、前と後、そして他とは独立している何かが常にあるという確信への信仰です。

では、たとえば熟睡中、それはそれ自体がもう一つの現象ではないでしょうか？

あるものすべては、何でもないものがあらゆるものであることで、ですから、あらゆるものは何でもないものなのです。これは決して理解されることはありません。それは本質的に、まさにその本質によって、不可知なのです。

熟睡は何もない存在です。現象は存在の中か、何もない中で起こりますが、どちらも同じことです。ですから熟睡中では、何でもないものが起こっているように見えるわけです。しかしながら、それも何でもなく、かつあらゆるもので、空っぽで、かつ充実です。

ではそれは、これかあれかの問題ではないのですか？

分離の夢以外では、この人もあの人もいません。ただ、唯一のあらゆるものや唯一の充実が、部屋の中で茶色の上着や青のジャンパーを着て座っているようには見えないというだけです。それは見たところ完全に静止して……不動です。これは今ここで描写されている物語です……その何でもないものがあるように見えるその内部で、まさにそれが目覚め、そのとき何でもないものが動き始めて何かであるように見え、コーヒーを飲むわけです。今ここに見かけで起こっていることは熟睡です。これは空っぽさが生の感覚として起こっているように現れているのです。

あなたが本当は何も起こっていないと言うのを聞くと、非常にホッとします。なぜなら、私たちは何でもないものから何かを作ろうと、一生涯奮闘して人生を過ごすからです。だから人は、「ああ、神よ、そのことで感謝します！」と思うわけです。ここで確認されてきたことは、人は必死に努力してあらゆることを起こらせようとしながら、奮闘によっては決してそこへ到達しないことに常に気づいているということです。

はい、奮闘によっては決してそこへ到達しません。なぜならもちろん、誰も何もやっていないからで、人々はただ自分たちが物事を起こらせていて、到達すべきどこかがあると信じているだけだからです。それは水の上に文字を書こうとするようなものです。

§§§

トニー、昨日の夜、あなたは自意識という観念を紹介しました。

はい。

自意識とは何ですか？

自意識とは人間が非常に幼い頃から採用する、あるいは理解するユニークな何かです。何もないところに「分離している」、あるいはもしお好みなら、自意識と呼ばれる何かが起こるのです。「私は自分が分離した一人の自己であることを意識している」。それがエデンの園の物語です。つまり、あなたは「自意識」というリンゴ、自己知識を食べたのです。存在が起こり、そしてそれは見かけで分離していて、それから自意識が起こる……ただ見かけだけです。

それは非常に強力です。なぜなら、あらゆることはこの自意識によって言及されるからです。

はい、そう見えます。しかし、それは見かけの「自分」にとって意味深く、重要に見えるだけです。その見かけの自分は自分自身を存在に追加し、それが今、「自分」についての物語の中にいると夢見るか信じるのです。

それはただ物語というだけでなく、さらに物語以上です。

それは物語にすぎません。こんなふうにも言ってみましょう。存在性が一年後に、つまりただ存在だけがあって……何の物語もなかったあとで突然、〔トニーが手を叩く〕物語が始まる。「これはトニー・パーソンズの物語である。ビルやヘンリーの物語である」と。それが時間の中、空間の中、家族と一緒に成長するのです。

「私は個人である。私の母と父、司祭、先生、上司、ガールフレンド、妻もみんな個人であり、私たちは一人ひとりが分離している世界の中でみなが集まっている。そして、私たちは何かをする自由意志と選択をもっている。だから、もちろん、私が今いることを発見したこの場所は意味をもっているはずだ。それらのすべては意味をもっているに違いない（笑）。この不安な気持ちや喪失感は、何かを意味しているに違いない。それは私が結婚していて、素晴らしい仕事をもっていて、三人の子供がいて、それらのすべてが素晴らしいことを意味している。あるいは、私がキリスト教徒になって、天の王国を発見することを意味している」。すべてが意味をもたなければならないのです。なぜなら、それは始まりと終わりのある物語だからです……見かけでは。

でも、それ、その自意識もまた自然発生的なんですか？

見かけでは、そうです。どんなレベルでも誰もそれをやっていませんし、やっている人は誰もいません。それはただ知性的なエネルギーです。ただ物語に見えるエネルギーがあるだけです。

動いているように見えます。

はい、それを指図する何もそこにはありません。まったく何もないんです。ただ、これとして現れているエネルギーが絶対的にあるだけです。どんな意志もどんなより大きな意志もありません。どんな選択もどんな種類の選択もありません。

ということは、自意識は何かを表す別の言葉……

はい、分離していることを言い換えた言葉です。

自意識には何も悪いところはないと思います……

はい、もちろん、存在の中には悪いことは何もありません。単一性の中にどうして悪いことがありうるでしょうか？

なぜなら、花は咲き、人間は……

花は自分を意識していません。私は今まで自分を意識している花に出会ったことがありません。しかし、自意識の物語の中でわき起るのは、正しいことと間違っていることがあるという考えです。私たちが分離する瞬間、私たちはそれが間違っていると思い、私たちは「間違っている」のです。私たちが分離する瞬間、見かけの二元論が起こります。「天国や完全性と呼ばれているどこか他の場所があるのだろうか？　なぜ私は完全性の中にいないのだろうか？　何かが間違っていて、もし何かが間違っているとすれば、そのときには何か正しいことがあるに違いない。だから、私は間違っていることを正すために、正しいことを探さなければならない。だから、私は仏教徒とか何かになることにしよう」。そういった考えがそこにある瞬間、そのときすべての善悪のドラマが解き放たれるのです。あなたは原因と結果、正しいことと間違っていること、カルマと輪廻転生、時間、空間、分離、道をもちます。こういったすべてが、私は個人であり、ここよりよい場所がどこかにあるという実に重要な考えを強化します。もしあなたがすべての宗教を見るならば、それらはここよりよいどこかの場所についてです。宗教はすべてこれがそれであることを否定しています。

§§§§

トニー、心はどうやってもそれを見ることができないのですね。

はい。心はそれを見ることができません。なぜなら、心は単に心の仕事をしている最中であり、心の機能とは分割し、前後に動くことです。それは動くだけなので、だから静寂を理解できないのです。

でも、あるがままを見ることと、それから心が戻って来てそれを説明しようとすることとの間には、決定的な違いがあります。

砂漠の中で真理を発見した男の話があって、そのとき神が悪魔に言いました。「人間が今、真理を発見しましたが、あなたはそれについてどうするつもりですか?」。すると悪魔は答えました。「私は彼がそれを組織化することを手伝うことにします」。ですから、これを見ることがあって、それから心が介入し、それを自分が取り扱える何かに変えようとするわけです。

そのとき、どこかで見られたものの、ある種の記憶がありますが、それが心ですか?

境界がなく、不可知のそれを記憶しようという試みです。言葉は決してそれを表現できません。心はただこれを概念化することができるだけです。

それは心が介入するような感じ……

心はどうしても静寂を知ることができません。なぜなら、静寂が動いているからです。

まさに、はい……そういうことなんです(笑)。それはただあまりに近すぎて、つまり、それはただここにあるのです。

ある意味で、それが近いことをあなたが考え始める瞬間、それが別の何かや、別のものであると考えることへ戻ってしまうのです。それはこれです。それは生の感覚です。そしてある意味でそれは、あなたが到達できる一番近いものです。生の感覚以外何もなく、それが存在です。それは非常に直接的なこれであり、他のどんなものからも認識されえないのです。

そして、これが明らかなとき、あるいはあるものすべてへのこの認識があるとき、それは心が私に言っているのではない……

その可能性もあります。心は存在するすべてについて、あなたに語ることができます。そして、そこに座って、あなたにこんなことを言う人たちがいることでしょう。「あるものすべては存在です。誰もいません。あるものすべては今、起こっていることです」。ですから、それは概念化することができますが、実際にそれは完全に感じられるものです。それは実際に描写できないくらいに内部で生きられるのです。あなたはそれを描写できません。それは人を感服させるほど脈動し、生きています。

生きている、そうなんです、生きているんです。なぜなら、私は心が常に戻って来ることに非常に関心をもっているからです。

でも最後には、心もただ存在で、心の仕事をやっているだけだということが理解されます。それは完全にくつろいでいます。それはただもう一つのものです。それは実際は第七感です。五感があり、感情の第六感があり、そして第七感が考えることです。ですから、考えることは第七感です。それは敵ではありません。

はい、それはOKなんです。

そのとき、それはあるべき場所にいます。それはそれ以上のパワーがなく、見かけで起こっているもう一つのものにすぎません。それは存在の敵ではありません。

あらゆることを個人化するのは第二の天性です。

そういうふうに見えます。それは非常に催眠性があります。

はい、それは催眠術のようなものです……驚くべきことです。

あらゆることが「自分に」起こっているという催眠的な夢は非常に強力で、それがほとんどの人たちの基本的信念です。だから、このメッセージは完全に革命的なのです。なぜなら、それはあらゆることをひっくり返すからです。私たちが信じているあらゆることが崩壊し、何も残りません。

でも、人を引き戻す強力な引力があります。

なぜなら、それは自分が生き延びることに関してだからです。私たちは生き延びなければならないので、あらゆることを計算する個人としてのゲームを遊び続けているのです。私たちはあらゆることを見るわけではなく、私たちが考えることを何か他のものとして見て、それに対して自分に何ができるのか、それが望ましいものなのか、脅威なのかを見ます。私たちは自分が生き延びるというベールを通じて以外、何も見ないのです。

あるいは、意見との一体化さえも。意見をもち、議論の中でそれを表現したり、指摘したりすることは非常に中毒的です。

自分について自分自身によりよく思わせるためにです。つまり、個人的価値の感覚を維持したり、強化したりするためです。

信じられないほどです。

それは存在が見かけの物語を演じているのです。

§§§

死ぬときには私たちは再結合され……

いえいえ、違いますよ。そもそも分離しているものは何もないわけですから、どうして再結合がありうるでしょうか？

でも、私たちはこの結合感、つまり調和を感じません。

私たちが調和の一部であることを夢見ている間は、これは分離です。その夢が目覚められるとき、ただ調和だけがあります。感じたり、知ったり、気づいたりする何もありません。

では、そのときに何が起こるのですか？

どんな今も、どんな今の前もないように、どんなそのときもありません。存在するすべては、時間として**現れている**何かの内部で、何でもないものが起こるように**見えている**だけです。

何の違いもないわけですか？　今と私が死ぬときと、何の違いもないのですか？

誰が死ぬのですか？　生まれたり死んだりする人は誰もいないのです。これとあなたの死の地点と何の違いもないのですが、あなたは違いがあると考えています。あなたは自分がそこに座っていると考えています。あなたは、自分は起きたことであり、これから起こるだろうものであると考えます……これが分離の催眠的な夢の性質です。

はい、確かに。では、この絶対的に何でもないものは、私たちが「愛」と呼ぶことができるエネルギーなのですか？

この絶対的に何でもないものは、何でもなくかつあらゆるものです。この絶対的に何でもないものは、空っぽでかつ満ちているのです。

これは愛ですか？

何でもなくかつあらゆるものである性質を、沈黙、静寂、原因のない、関係のない、非個人的な無条件の愛と言うこともできるでしょうが、それは描写不可能なものを描写しようと試みる単なる言葉にすぎません。

うーん、私たちであった何でもないものが、つまり何でもないものが今、気づきをもっているように思えます。

気づき、知ること、見ること、聞くことは、全体性の中で何でもないものが、これらの見かけの現象としてわき起こっているのです。

では、何でもないものの一部であるその気づきは、死のときにもまだそこにあるのでしょうか？

ほら、あなたは永遠性にまだ時間を当てはめようとしています。気づきは時間の意識や分離しているという意識と同様、単に個人的経験です。それは単に現象において……物語の中で起こっているように見えるだけです。

ということは、それは単に意識の一部なのですか？

はい。気づきは見かけで起こっている、もう一つの別のものにすぎません。これが私が「気づき」という言葉を使うときの意味です。人々の中には、気づきを存在だと考えている人たちもいますが、私が思うにそれは、非常に誤解を与えます。なぜなら、気づきの全感覚が、それが気づくべき何かを必要とするからです。ですから、気づきがあれば、それが気づくべき何か他のものがあるのです。そのときにはまだ、あれやこれを必要とする活動があります。

ちょうど私のように、それ自身を表現しているエネルギーが……

それはそれ自身を表現しているのではないのです。私たちは深い神秘に戻ります。ただ何でもないものだけがあり、気づきは何でもないものが気づきとして起こっているのです。

でもあなたは、あらゆることはエネルギーだと言いませんでしたか？

はい。しかし、あなたの質問に答えるなら、私が言っていることは、あらゆることが純粋なエネルギーであり、気づきがその内部で起こっているように見えるということです。

その知性的なエネルギー、それが気づきと言えるのではないでしょうか？

気づきがその中で起こるでしょうが、しかし存在は気づく必要はないことでしょう。なぜなら、それはすでにあらゆるものであるからです。

ですからこれは、あなたや私や誰かが何かを得るというメッセージではありません。これは何も得るものがないという理解です……求められてきたものは、決して失われたことがないという理解です。

これは求めることや求めないことについてではありません。それはアドヴァイタや非二元主義という概念を超え、気づきや注意深さの状態に到達するという観念も超えています。どんな目標もありませんし、何も提供されていません。これは知ることを完全に超えています。ですから、これは個人としているには最悪の場所です。なぜなら、希望するものが何もないからです。

これは本当は描写です。つまり達成を超えている何か、失われたり、掴まれたり、獲得されたりできない何かの描写を、みんなで分かち合っているのです。

分離があるかぎりは喪失感があり、完全ではない何かがあるという感覚があります。ですから、探求者はその空虚感を何かで埋めようとします。そして、一部の人は「悟り」と呼ばれている何かを待望します。なぜなら、悟りがこの喪失感を満たしてくれるものになるかもしれないと感じられるからです。それは私たちがまったく理解しないある秘密への答えになりうるだろう、というわけです。

私たちが悟りについて読むとき、まるで誰かがその秘密を発見したかのように聞こえます。でも、そんな秘密を発見した人は誰もいないのです。

悟った人というような人はいません。それは完全に間違った概念です。しかし問題は、探求者をやっていると、探求のエネルギーのせいで、私たちは誰か他の人が発見した何かを自分も見つけることができるという考えに押しやられ、惹きつけられます。なぜなら私たちは、努力は結果を生むと信じながら成長するからです。ですから、もし努力が結果をもたらし、私たちが悟りとか解放と呼ばれている何かについて聞いたなら、私たちは努力をすることができ、解放されたり、悟ったりすることができる……私たちが噂を聞いているすぐ近くに住むこの男とか、サットサンをしているあの女性のように。彼らは私が欲しがっている何かをもっている。もし私もあそこへ行けば、どうやってそれを得るのかを学ぶことだろう。

夢の中では、悟りや解放は達成できる何かであるという考えがまだあります。ですから、あなたは選択をもつ個人であり、そして今、個人として自己探求や瞑想や何かをすることを選択でき、いずれ悟ることができるという考えを強化する教えがあるのです。

あなたは世界中へ出かけて、何か得るものを提供する教えを見つけることができます。しかしながら、探求者にまったく何も提供しない妥協なきメッセージを見つけることはまれです。

この生の感覚は、何でもないものがあらゆるものであることです。それはただ生が起こっていますが、誰かに起こっているのではありません。ここで一組の全経験が起こっていて、それらは空っぽさの中で起こっているのです……それらは自由落下の中で起こっているのです。それらはただ起こっていることです。あるものすべては生です。あるものすべては存在性です。それをもっていたり、もっていなかったりする人は誰もいません。生をもっている人は誰もおらず、他の誰も生をもっていません。ただ生が生であることだけがあるのです。

このメッセージはまったくシンプルなので、完全に心《マインド》を混乱させます。このメッセージはシンプルすぎるのです。すでにあなたの心は言っています。「はい、でも……悟りのレベルや私の感情的ブロック、チャクラについてはどうなんでしょうか？　それらは完全に開かれていないのでは？　静寂はどうなんでしょうか？　私はまだ完全に静寂ではありません。そして、私のエゴはどうなんでしょうか？　誰かに『あなたはまだエゴがある……それはかなり少なくなったけれど、まだそこにある』と言われました」（笑）

しかしそのすべては、こういった考えのすべては、物事がどうあるべきかに関して採用された教えです。エゴは起こっていることです。エゴはただエゴである存在です。考えることはただ存在が考えているのです。ただ存在だけがあります。ただ存在だけです。それ以外に何もありません。それを運営している人は誰もいません。運命もなければ、神もいないし、計画もないし、脚本もないし、行くべきところもどこにもありません。なぜなら、永遠の存在だけがあるからです。存在は完全にただただ全体で存在です。そして、それは生きていて、新鮮で、セクシーで、みずみずしく、即座にこれなのです。それは「行くべきところがない」ことについての何らかの概念ではありません。それはまさに今、その肉体の中にある生の感覚です。それは純粋な存在、純粋な生の感覚です。まさにそれ、物語の終わりです。あなたはもう自宅に帰ってもいいです……（笑いながら）あなたが参加費さえ支払っていれば。（笑）

本当にそれはシンプルにそれです。ですから、誰もおらず、どんな選択もありません。どんなレベルでも何の選択もありません。ワンネスは二つになることを選んだのではありません。ただワンネスだけがあるのです。この部屋にあるすべては一つであり、それが生きていて、それをやっている人は誰もいないのです。呼吸している人が誰かいますか？　血液を循環させている人が誰かいますか？　何かを本当にやっている人が誰かいますか？　いいえ、誰もいません。見かけでそう見えるだけです。知られざる見かけの人生です。

それでも、私たちは集まって話し合うことができます。そして質問があることでしょうが、実際には答えはありません。人生には答えは何もありません。なぜなら、人生それ自身が答えだからです。［手を叩き］それはすでに起こっています。それがこれなのです。あなたはそれを一度も失ったことがありません。それが目覚めについて驚くべきことです。見かけで目覚めが起こったときに人々は言います。「これは驚くべきことです。なぜなら、私が探し求めていたものは、私を去ったことが一度もないからです。それは決してやって来たり、去ったりしない唯一のものです。それは知られたり、掴まえられたりしない唯一の常なるものです」

そしてその唯一の常なるものは存在です。あなたは今立ち上がって歩き去ることができますが、それはただ存在が歩き去っているのです。あなたは決して存在から逃れることはできません。あるものすべては存在です。

これは私やあなたとは無関係です。私は何ももっていませんし、あなたも何ももっていません。

§§§

私はここにいて、とてもうれしく感じます。存在の話題に触れたいと思います。昨日私は非常に重要な教訓を学びました。私は帰宅途中で思ったのです。「ああ、私は自宅に帰ることをすごく楽しみにしている」。それから、自分が自分を実際に二つに引き裂いていることに気づきました。なぜなら、そう思うことで、移動している状態は実際にはこのシンプルなニルヴァーナ（涅槃）以下であると、暗に私は言っていたからです。

それから私は言いました。「ロバート、しっかりしろよ。お前は今ここにいるんだから、将来の何かの出来事のために自分を抵当に入れるのはやめよう。電車に乗っていることで本当にＯＫなんだから」

はい。でもあなたがそれをやったんじゃなくて、それはただ起こったのです。そして、将来を楽しみにしているのは存在です。

それはただ起こった？

探求者の問題は、彼らが自分の状態について何かをしなくてはいけないとか、その中にいると思っている状態から自分を解放してくれる別の状態にいなければいけない、などと思うことです。

では、あなたは左脳虐待者ではありませんか？

え、私が左脳虐待者？（笑）

もちろん、あなたはそうです。

いいでしょう。私は左脳虐待者です（笑）。アムステルダムでは私は「ターミネーター（すべてを終わらせる人）」です。そして、ここでは私は「左脳虐待者」です。（笑）

あなたはただ気づきだけがあると言いましたよね。

いいえ。ただ存在だけがあります。気づきは存在の中で起こるか、起こらないかです。

ただ存在だけがある。そして、あなたは感覚としての気づきについて話していました。

私の気づきの感覚は、それは一時的状態、あるいはあなたがその中にいたり、そこから出たりすることができる場所であるということです。それはまだ物語の中にあります。

私もちょうどそのことを考えていました。あなたがそこに立っていたとき、私はあなたの左半身に気づいていました。また自分の肩が少し緊張していることを私は気づいていますが、部屋にいる他の誰もそれには気づいていません。

はい。

ですから、私たちはまるで分離した気づきをもっているかのようです。

はい、そのように見えます。私が暗に言っていることは、あなたが今描写しているすべてのことが、単に起こっている何かであるということです。それは存在が緊張した肩であったり、存在がトニー・パーソンズの左半身であったりします。それがそうであるためには気づきを必要としませんが、探求者はそう思っているのです。

でも、ここで起こっていることは、向こうで起こっていることとは少々違います。

またここで暗に言われていることは、「ここ」と「向こう」はないということです。見かけの実体にとってはここという場所があるように見え、まるで「ここ」と「向こう」があるかのようです。しかし、「ここ」も「向こう」もなく、この左半身は存在が左半身としてあるのと同じように、その緊張した肩は存在が単に緊張した肩であるというだけです。それはすべて存在であるだけです。

でも、それはすべて異なった情報の断片です。

はい。確かにそう見えますが、ワンネスがあらゆることであり、それゆえ異なっているように見えるのです。すべてはシンプルにワンネスが起こっているのです。すべてはシンプルに存在です。

始終、情報の断片が私たちに向かって来ることに対しては、どうすればいいのですか?

何もできません。

何も?(笑)

誰も何もできませんし、為される必要のあることも、知られる必要のあることも何もありません！　何かをした人は決していませんでした。分離しているという感覚に私たちをしっかりと固定し続けている間違った全概念とは、私たちは何かをすることができる、あるいは何かをする必要があるという考えです。なぜ私たちは何かをする必要があるのでしょうか？　ただ起こっていることだけがあります。それはすべて汚点がないほど完全で、何も必要としていません。

では、そのとき私たちは何に気づくべきなのでしょうか？

何も（笑）。ほら、またここであなたは気づかなければならないという義務の話をしていますが、それは一時的状態です。起こっていることだけがただあります。何かに気づいているという考えが罠です。気づきは他のものを必要としていて、それもまた二元論の物語の中にあります……他のものは何もありません。

でも、起こっていることは変化します。それは瞬間瞬間に変化します。それは一定ではありません。

はい。それは確かに変化するように見えますが、あらゆることはただ変化するように、異なっているように、あるいは他のあらゆるものと分離しているように見えるだけです。起こるすべては存在が見かけで起こっているのです。

では、一定であるものは何ですか？

一定であるものは存在です。それはどこにもなく、かつあらゆるところにあります。起こっていることは、存在が起こり、動きまわっているのです。存在があるものすべてです。

では、起こっていることと、私はどう関係しているのですか？

あなたは関係していませんし、誰もいませんし、どんな関係もありません。あるものすべては存在で、一人の「自分」という考えが存在の中で起こっているのです。

なるほど（笑）。では、それを知ることの価値は何ですか？

まったく何もありません。ここでは絶対的に何も提供していません。何の価値もなく、何も提供されていません。これというものから起こりうる最も驚異的なことは、何でもないものです。もしあなたがここを出るときに何かをもって出るとすれば、そのときにはまだあなたは何かをもった誰かです。「私は今これをもっている。これは私のもので、私はこれに何かをすることができる」もしここで本当にこれを聞くことがあれば、そのときには得たり知ったりするものは何もないことがわかり、ただ見かけで起こっていることがあるだけでしょう。

どこへも行く必要がなく、どんな目標もありません。褒美《ほうび》の人参《にんじん》もなく、何の賞もありません。存在するすべてはこれです。しかし、「起こっていることがまさに存在である」と、「それは自分に起こっている」との間の違いは、途方もなく大きいのです。

§§§

気づきや存在のそのレベルに到達するために、私にできることが何かありませんか？

何もありません。それは何もできない誰かがいるからではなく、誰もおらず、達成すべきレベルもないからです！　それがないので、他のどんなレベルもありません。何もなく、かつあらゆるものだけがただあります。

見かけで起こりうるのは、あるものすべてはすでに存在だという突然の理解です。現実においては、それがあるものすべてです。この部屋にあるものすべては存在であり、また起こっていることは「存在だけがあるわけではない」という考えです。しかし「存在だけがあるわけではない」という考えもまた存在です。

はい、つまり私がすることは何もないのですね。

でもそれだと、何もできない誰かがそこにいることを暗示することになるでしょう。それがここで言われていることではありません。誰もそこに座っていないのです。あるものすべてはただ生が起こっていることだけです。そして、かつて何かをやったものは誰もいないし、何かをこれからやる誰もいないのです。おこなうことは、おこなうという見かけにすぎません。

では、あなたはどうやってこのレベルの理解に到達したのですか?

私は到達していません。そこが全ポイントです。私は到達していませんし、誰もかつて到達した人はいません。それは理解のレベルではありません……それは誰も知らないことです。

それでも、私たちが何かを欲しがっているために、あなたはここに来て講話をし、何かを私たちに説明しているからには、自分自身をまだ個人として経験するのではありませんか？　それとも、これもただ起こっているだけなのでしょうか？

これはただ起こっているだけのことです。ここには個人的経験もないですし、どんな意図も予定表もありません……ただ何かを欲しがっている誰かとしての「あなた」という夢を除いては。その欲望はここでは決して満たされることはないでしょう。なぜなら、助けを必要としている誰もいないということが認識されているからです。ということで、あなたは何かを欲しがっていますが、それを得ることはありません。

ということは、あなたは次にどうなるか、あらかじめわからないのですか？

はい。あなただってわかりません。あなたは次に何が起こるかを自分が知ることができる、と信じたいだけなのです。そうすれば、自分がコントロールできると感じられるからです。それは「自分が知る」と呼ばれている夢です。（笑）

私は自分が知っていると思っています。

はい、私たちは自分が予想できると思っていますが、それが問題です。私たちは分離している世界で育つので、世界に怯《おび》え、だから私たちは世界をコントロールしようとします。ですから、私たちがやろうとしていることは、既知に生きようとすることです。私たちは予想し、答えを見つけようとします。しかし、もし私たちがこの既知の世界に住もうとするならば、それは少々退屈になるように見えることでしょう。しかし奇妙なことに、存在は知ることができないのです。ここで暗に言われていて、実際に起こっていることは、完全に知ることができないことです。この部屋の中で次に何が起こるかわかる人は誰もいません。[沈黙]

それは非常にシンプルなメッセージのように聞こえますが、それにもかかわらず同じくらい非常に困難に見えます。

はい。ですから、あなたは自分自身を取り除けないのです。常に**あなた**は**自分**を取り除こうとし、あなたはますます大きくなります。それは非常にシンプルですが、見かけの個人にとっては恐ろしいことです。

はい。

でも、ここで提案されていることは、奇妙なことに、これが聞かれるとき、何かが見かけで起こる可能性があるということです。なぜなら、これは概念的なことではないからです。概念や信念を売ろうとしている人は誰もいないのです。ここには何かを売ろうとしている人は誰もいません。何も販売中ではありません。

目覚めはエネルギー的です……あなたは収縮した状態で育ち、そして単に無限への爆発があります。私は何も知りません。すると突然、「**そうだ！　これがあるものすべてだ。まさにこれだ**」ということを直観的に見るのです。それはすでにそうであるものを思い出すこと、再発見です。（笑）

だったら、なぜ心があるのでしょうか？

心について為されうることは何もありません。（笑）

心といったものはないのです。一つの思考があり、また別の思考があり、また別の思考があり……考えることは、あなたをそこへ連れて行くと言いながら、便座に座っていることが好きです。あるいは、あなたがたくさんのお金を儲けるようにしてやるとか、誰かがあなたを愛するようにしてやるとか、そんなことを言います。それは見かけのあらゆる種類のことをやるでしょう。それはあなたの人生を助けることを請け合いますが、それはまたあなたに災いも請け合うことでしょう。それはあなたにあらゆることを言いますが、心や考えることが言うのは常に明日についてです。あなたが長時間瞑想したり、自己探求をしたり、断食を試みたり、あるいは禁欲生活を送ったり、欲望を放棄したりすると、それはいつも明日起こるのです。それは常にあとのことであり、これやあれやのあとで起こると言います。その理由は単に、考えることはただ時間の中、自分という物語の中で機能するように見えるからです。それは常に答えを求めていますが、答えは何もありません。

最近では自己探求に多くのエネルギーが使われています。誰がお茶を作っているのか？ 誰が自分の車を運転しているのか？ 誰が座ってトニー・パーソンズの話を聞いているのか？ 私とは誰か？ 私とは何か？ 自己探求はあなた自身の中で、無執着という特別な場所を提供することができます……それはもう一つの子供騙しです。それは、**今ここにいる**のに似ています。人々は今ここにいることについて聞き、今ここにいるために本当に一生懸命ワークをし、ときには三十分続くこともありますが、それも単に自分という物語のもう一つの状態にすぎないのです。

目覚めはかなりの方向感覚の喪失ではないでしょうか？

それは色々です。ときには奇妙なエネルギーが起こるように見えるときもありますし、ときには何も起こりません。人々は朝目覚めて、それですべて終わりです。誰もいません。ただこれだけがあります。それは非常に平凡です。それは完全に平凡で、自然です。私たちがやっていることは、それに何かを押しつけることです。

ということは、それは完全に平凡であるにもかかわらず、今まで固執されてきたものとはそれほど正反対ということなんですね。

はい、そうです。それは完全なる革命です。それは三六〇度の革命です。

私がこういった集まりに来る主な理由は、責任感とその重圧からの解放をある種、切望しているからだと思っています。

はい、わかりますよ。あなたは欲しいものがある。しかし、ここで伝えられていることは、あなたの考える欲しいものを超えた何かについてです……それは、責任から解放されることを望んでいる一人の**あなた**がいるという考えさえ超えています。

ここで伝えられていることは、責任感のあの重圧がないというふうに聞こえます。

解放の中では、責任があるとかないとかという観念が、単に起こらないのです。

ということは、まるで責任を伴わない存在の状態があるように聞こえます。こういった種類の状況に囚われることを、あなたもご存じだと思います。

はい。

つまり、それは現在の状態よりもよりよく思える状態ということですね。

解放は誰にとってもよりよいものではありません。よりよい状態にいる誰かがそこにいるわけではないのです。そもそも、ある状態にいる誰もいないんです。

でも、責任感の重圧から自由になりたい感覚があるのはどうなんですか？

自由である人は誰もいないことでしょう。ただ自由だけがあります。自由である必要がある人は誰もいませんし、解放を必要とする人は誰もいません。

§§§

トニー、チャクラとか、第三の目とか、オーラというようなスピリチュアルな生理学などは、それもただ物語ですか、それとも……

はい。心が存続したいと思うせいで、ふさわしく継続するように、心はできるかぎりの複雑さを創造します。物事は今よりよくなるという考えの見込みの内部で、それは繁栄するのです。
ですから、人が自分自身に何かのワークをすることを選ぶという考え全体が、現在よりよい状態をもたらす自己意志とか意図といったようなものがある、という観念から生まれる嘘なのです。

では、そういった事柄のすべてに関して、何も気にする必要はないのですか？

そもそも、もはや誰が気にしないのですか？　何かを求めるエネルギーがあるかぎり、よりよいものを求める探求があります。

ということは、つまり何をしても意味がないということでしょうか？

はい、ないです。繰り返しますが、それがポイントではありません。「する」という考えと「意味がある」という考えは分離の夢の一部です。何かをやることができる人は誰もいませんし、為されるべきことは何もありません。すべてはすでに完璧です。

§§§

私は選択したいです。

ではあなたは、自分が選択できる誰かであると夢見ているのです。

でも、私は選択しなければならないのです。

なぜあなたは選択しなければならないと思うのでしょうか？

わかりません。それはただ起こるのです。

ああ、絶対的にそうです！　それはただ起こる。でもあなたは、自分がそれをやっているという観念を付け加えているのです。

これは存在がただ質問しているのだと思っていました。

はい、存在がただその質問をしているだけです。

でも、私は選択しなければなりませんでした。

いいえ、あなたはそうする必要はなかったのです。誰もいません。質問をするということが、ただ起こっただけです。

私は何をしたのでしょうか？

どんなあなたもいません。

自分が話すのか話さないのかという選択をしたと、私は思いました。

いいえ、それはただ起きただけです。夢見ている人は考えていません。ただ考えることが起こるのです……考えることがやって来て、私たちは**自分たち**が考えていると思うのです。考えることがただ起き、私たちは**自分の**思考にもとづいて行動するために、選択していると夢見ています。

もし私が自分のエゴを取り除いて、気づきとか何かの中に完全に溶け込んだら、私は次に何をするのでしょうか？

（笑いながら）その話、とっても気に入りました。常に**あなたの**エゴで、**あなたの**気づきです……あなたはそれほど金持ちです。でも、誰もいないのです。今までエゴをもっていた人がいたでしょうか？

でも、私はエゴをもっています。

ああ、そうなんですか？　では、あなたは何らかの所有権をもっているわけです。あなたは家かマンションをもっていますか？　たぶん、マンションですね。ということは、あなたはとても小さいエゴをもっているということですが、それとも二軒一棟式住宅《セミディタッチトハウス》ですか？　誰もいないのです。誰もエゴをもっていません。これは所有するという考えからの自由についてです。「エゴ」、「自由意志」、「欲望」と呼ばれているすべての小さい鞄とそれらを所有する人をただ捨てるのは、素敵なことではありませんか？　ただそれらがそこにあるがままにしておいてください。ただそれらが起こるがままにしておいてください。完全にむき出しの存在性を楽しんでください。

では、そのあとに人には何が残されるのでしょうか？

何もあなたには残されないことでしょうが、奇妙なことは、あなたは今まで一度も何かをもっていたことはなかったのです。あなたは自分がもっていると夢見ているだけです。自分が分離した人であるという考えがわき起こり、そのときあなたは自分自身が何かを所有していると思うのです。それは夢です。それは「分離してものを所有する」と呼ばれている夢です。ものを所有すると、あなたは自分を現実だと感じます。残されたものがただ何もなければ、そのときあなたはあらゆるもので満たされます。解放は絶対的貧しさと絶対的豊かさなのです。

§§§

ほとんどの時間、私はそういった夢に自分がしがみついていると感じています。なぜなら、私はそれを手放した結果を恐れるからです。ですから、思考のプロセスのようなものがあり、常に思考が進行しているように見えます。それは何かが何かを解決しようとしているように感じられます。おわかりのように、止まらないおしゃべりです。

まったくそのとおりです。それは心が自分自身を防衛していて、そこへ到達しようとしているだけです。しかし、どこかたどり着くべき場所があるとそれが考えることが、無知なのです。それが探求の機能全体です……何か分離したもの、あなたがどこかたどり着くべき場所がある。人々がよく知っているアプローチで、「アドヴァイタ・アプローチ」と呼ばれているものがあります。でもどうして「アドヴァイタ・アプローチ」がありうるでしょうか？　アドヴァイタとはワンネス、あるいは二つではないこと、そして存在を意味します。どうして存在へのアプローチがありうるのでしょうか？　すでにそうであるものに対して、どうしてアプローチがありうるでしょうか？　アプローチは存在です。アプローチができる人は誰もいません。あるものすべては存在性だけです。

それについて何かする必要があるという感覚も含めてですか？

はい、その感覚でさえ、存在が存在するために何かをする必要がある、という感覚であるわけです。接近することは、存在が見かけで接近しているわけです。

§§§

「何も許すべきことはない」を説明してもらえませんか？　なぜかというと私は、もし人があらゆる人がするあらゆることを許せば、そのときには何か役立つことがよく起こるとずっと思ってきたからです。

私が言っていることは、誰も今まで何もしたことがなく、何も起こっていないということです。ですから、何も許すべきことがないのです。許すべき何かがあるという考え全体が、関係または主体と対象物を想定します。私は主体であり、この他のものは私に何かをした対象物であり、私は今、許すことができ、許せば私の気分がよくなるだろう。ですから、誰かを許すことができるという考え全体が、分離という考えや、物事をよくするという考え、あるいは取引をするという考えなどのすべてを強化します。

では、もしみんながあなたの提案するようにやったとしたら……

そこが全ポイントです。夢の物語の中以外では、何かをする人や誰かを許す人は誰もいません。

わかりました。そして、もしそれが可能だったとしたら?

ほら、あなたはまた別の物語に入って、ポイントから外れています。もしあなたがゲームをしたければ、どうぞ好きにやってください。私は興味がありません。

私はただ、そのとき世界はどんなふうになるのだろうかと思っているだけです。

見かけの世界はまさにこのようでしょう。それはすでに完璧です。
実際それは存在するすべてで、それがそうでないという考えを含み、あなたは私に何かをすることができる誰かであり、私はそのことであなたを許すべきであるという考えも含みます。すべては、分離があるという物語、世界をよりよくすることについての夢の中の物語です。もし私たち全員がお互いを許し合えば、よりよい世界になるだろうという物語なのです。それはよりよいものを求める夢です。
まず第一に、誰かを許すことができる人は誰もいません。そして、これらの考えはすべて、正す必要のある何か欠点や間違ったことがあるという誤解にもとづいています。あなたが気づいたかどうかはわかりませんが、何千年もの物語の間、私たちは世界をよりよい場所にするために途方もないエネルギーをつぎ込んできたように見えます。それで今までどうなってきたと思いますか?

§§§

トニー、もし個人性が夢なら、人生そのものが夢ですか?

それは存在が見かけの人生として起こっているのです。ですから、何でもないものが何かとして起こっているわけです。このすべてが、単に存在が見かけの何かとして起こっているのです。分離は意味や道、自意識という考えを含む夢です。

わかりました。

この現象は現実でかつ非現実です。

私はこのわき起こるものについて問題をかかえています。

なぜですか？

なぜなら、わき起こるものは明らかに存在ではないからです。そうではありませんか？

いいえ。見かけでわき起こっていることは、絶対的に存在です。それは時間の中を動きまわっているように見えますが、それは絶対的静寂が動き、絶対的沈黙が音を立てているのです。すなわち、この声は沈黙です。このように手を叩くことは、片手で叩いているのです。

はい。でももし何かが起こるなら、そのときにはギャップが、時間のギャップがあります。人が何かを期待するなら、それは存在ではありません。あなたも含めてすべての非二元論者は、時間というものはないと言います。

私は非二元論者ではありません。そしてあなたの期待は、存在が**見かけ**で期待しているのです。そしてギャップは、存在が**見かけ**でギャップを作っています！　それがあるものすべてです……他には何もありません。

でも起こることは、この存在というものを未来へと送り込むように見えます。

いいえ、あらゆることは時間の中で起こるように**見えます**が、時間はありませんし、何も起こっていません。それは単なる現れです。未来という観念は、これの中で存在が未来についての考えをもって**現れて**いるのです。

わかりました。ではそれは存在ではないのですか？

いいえ。それは絶対的に存在です。もちろん、それは存在が表面的な時間の中をどこかへ動いているように見えているのです。それは存在が目的をもっているように見え、「私は世界をよりよい場所にするという目標をもっている」と言うわけです。このすべては単に存在です。それは比喩で、寓話で、表面的な現実です。

私はスケジュール表で、あなたが明日の午後二時に講話の予定であることに気づきました。でも、もしあなたが選択できず、影響を与えることができないなら、そしてもし時間がなく、明日がないなら、そもそもそれはどうやって起こるのでしょうか？

それは見かけで起こるかもしれませんが、もちろん、見かけで起こらないかもしれません。それは明日の午後二時に起こらないかもしれません。明日の二時は存在しないのです。しかし奇妙なことに、明日の午後二時には、それは午後二時に起こっているように見えることでしょう。（笑）

ということは、それはあなたの存在ですか？　あなたは影響を与えたり、選択したりはしていないのですか？

誰もいません。存在を所有している人は誰もいないのです。あるものすべては存在です。これは何でもないものがあらゆるものであり、そこには分離と物語と時間という観念が含まれています。その存在の中で、計画と影響が**見かけ**で起こるように見えるのです。

それは現れで、ホログラム（訳注：レーザーを用いて被写体の情報を記録したもの）です。

ある意味で物事は起こります。

ですから私は、もし私たちが人生を放棄したら、自分がもっているものが崩壊するだろうと恐れているのです。

あなたが言っていることは、催眠的な夢のパワーを完璧に表現しています。その考えは完全なる誤解にもとづいています。なぜなら、本当のところ私たちは自分の人生を決して営んだことがないからです。誰も自分の人生を営んでいません。あなたは決してコントロールしたことはありません。誰もいません。これは個人のコントロールという考えを信じ経験している人たちにとっては、非常に恐ろしいメッセージです。

でもいずれにせよ、それは起こります。

それは**見かけ**で起こっているだけです。あなたは、それが自分に起こっていて、自分はそれをコントロールしているという観念を付け加えているのです。あなたがそれをコントロールしているという考えが、分離と呼ばれている夢です。それは誤った考えなのです。

§§§

確かあなたは過去に、見かけの探求者がおこなうある種のことが、探求の感覚を永続化するということについてお話されましたね。

探求者から出てくるすべての行為は分離の夢を永続化します。なぜなら、探求者の唯一の機能は自分が希求することを発見することであり、探求者は運動や前進することの中でのみ、それを発見できると信じているからです。しかし一方で、それが探し求めていることは実際すでにこれであるのです。ワンネスを発見できないことが、分離の感覚を燃え上がらせます。

他の状態よりもそれが実現しやすそうな状態がありますか?

いいえ、それがより実現しやすい状態など何もありません。それはすでにこれです。あなたは酔っぱらっているか、洞穴に座ってお米を食べているかもしれませんが、それは問題ではありません。なぜなら、この見かけの変化は、個人とか彼らの見かけの行為や状態とは絶対的に何の関係もないからです。

では、こうやってこの話を聞くためにみんなで集まっているという考えは……

まったく何の関連もありません。なぜならそれは、ある状況がなければならないという考えにもとづいているからです。どんな状況もありません。なぜなら、あるものすべてはこれだからです。あらゆる見かけの状況はこれです。ある状況があるべきだという考えを編み出すのは心で、それから物語が継続し、生き延びることが確保されます。

あなたは見かけの人がこの気づきに到達し、彼のあらゆるものが変化し、ひっくり返されたある種の状態を描写されました。しかし、気づきの中間地点とか、気づきの程度が徐々に変化するというようなことがあるのでしょうか？　それとも、気づきがあるか、まったくないかということなのでしょうか？

それは直接見られるか、見られないかです。私にとっては、気づきはまだ物語の状態です。存在には状態がありません。ただ存在だけがあり、存在の中で状態が起こり、それには気づきの状態や混乱の状態も含みます。ワンネスの中間というようなことはありません。

ということは、事の真相を認識し、理解するために、何と言えばいいか、人がほとんどそこにいることができるかどうかを私は確かめようとしているのでしょうか？

いいえ、あなたはとうてい存在になることはできません。ただ存在だけがあります。自分のチャクラに熱心に働きかけたり、瞑想やその他の好きなことをしている人は、存在に近づいているのではありません。存在だけがあり、その内部で存在が起こったり、あるいはどこかへ到達するために自分のチャクラに熱心に働きかけたり、瞑想したりする誰かが現れるわけです。

わかりました。夜の暗闇はとても暗く、光がまったくありません。日中は非常に明るく、夜明けと黄昏は薄明るいです。

はい。それは物語の性質です。

人はある種の薄明かりを通じて、気づきの徴候を見つけることができますか?

いいえ。私たちが生きている全世界は、それを超越している何かの反映ですが、その物語は時間、生と死への旅、生と死からの旅、光と暗闇を含むようです。それは寓話です。それは時間、旅、道、気づきの状態を超えた何かについての寓話ですが、それにもかかわらず存在は、それらを含んでいます。

繰り返しますが、存在は知られざるものです。

§§§

この会が始まったとき、私の心は完全に空白になり、どこかへ到達するという考えから解放され、そして最後にこのメッセージが非常に明晰であるという認識がありました。ですから、何かが起こったわけです。

はい。明晰さは起こります。でも、明晰さは解放ではありません。明晰さはまだ人がもつことができる何かです。今日、こういった会に参加して、これについての明晰さをもっている人たちはたくさんいます。でも、それは解放とは何も関係がありません。

ということは、完全に混乱してあなたの言葉に触れる人と、大きな明晰さをもってあなたの言葉に触れる人との間に、何の区別もないのですか？

はい。なぜなら、このメッセージは誰の理解をも超えているからです。存在は理解と了解を超えています。理解、了解、明晰さ、混乱は存在の中で起こります。

ということで、これは何でもないものがあらゆるものであるのです。これは存在です。あるものすべては存在です。そしてその存在の中で、そのあらゆることの中で分離が起こるのです。人間はこの現れの中で自意識がある唯一のものです。自意識は人間に特有です。それは夢です。存在が起こり、それが自分自身から分離しているという夢を見て、それから多くの時間を費やして、あらゆるところにあるものを探します。

ですから存在がすべてのあるものであり、自意識が起こり、ただ存在だけがあるという発見は、探求者とは何の関係もありません。ですからこれは、つまり私たちがここで伝え合っていることは、あなたや私とは関係ありません。あなたがもっていないものを私が得たわけではありません。存在を知ることはできません。

幼い子供の頃には、純粋な存在しかありません。ただ存在だけです。子供は空腹になると泣きますが、これは存在であり、単にお腹がすいたと泣き叫ぶ存在の表現です。それから、その子供の人生の中で分離が起こるのは、たぶん母親が「あなたはビルよ」とか、「あなたはメアリーよ」とか言うときで、分離した人という感覚がエネルギー的にどこかで入ってくるのです。最初は突然、この分離した感覚の中へと収縮するエネルギーがあり、それから自分の皮膚が境界であり、あなたはその境界の中に住んでいて、起こっている他のあらゆることは自分の外側で起こっているという感覚になります。

ですから、そのとき人生があなたに起こり、そして分離が起こる瞬間、それが始まる瞬間に探求もまた起こります。分離の感覚は恐怖心、不適切感、喪失感をもたらします。「私は何かを失った。それは何だろうか？　私は何を失ったのだろうか？　なぜそれを失ったのだろうか？　なぜこのことが私に起こったのだろうか？」。それでそのあと探求が起こり、探求者はその中でしか機能できなくなります。分離がある間だけ、非分離への探求……故郷へ帰る必要性がありえます。あなたの人生が失われるまで、あなたは常に「なぜ？」と疑問に思うことでしょう。

私たちは分離の世界に育ち、その分離の世界に住んでいる他の人たちと出会いますが、これが分離の世界であることに全員が同意します。あなたは個人であり、自分自身の人生を成功させなければならないか、あるいはそうでないかのどちらかです。あなたが分離しているとき、学ばれる基本的でシンプルな教訓はこれです。自分の人生を成功させるという考え全体、ものを得るという考え全体は——愛を得る、お金を得る、権力を得る、何でも得る——本当のところは故郷へ帰りたいという切望です。すべての欲望は故郷へ帰りたいという切望なのです。

あらゆる人が求めています。そして問題は、私たちが成長するにつれて、自分は個人であり、理解する心《マインド》をもっていると信じることです。そのためにたぶん、この喪失感を埋める方法はなぜ喪失感があるのかを理解し、それについて何かをすることだと考えるのですが、それは無知です。それが問題なのです。探求の全問題は、探求それ自体が分離を助長するということです。探求が分離を生み出すのです。ですから、私たちが完全さを探そうとするたびに、私たちはまだ完全性を探そうとしている分離した個人であるのです。私たちは完全性を得ることができると思っています。私たちはそれが自分に起こると思っています。「私も悟るだろう。あるいは私も悟ることができるだろう。私は悟ることができると聞いている。なぜなら私は、A、B、Cのことをやって悟ったという人たちに世界中で出会ったが、彼らは瞑想をし、自己探求やら何かをした。だから私も悟りを得ることができる」。しかし、悟った人というようなものはいないのです。この部屋の誰も悟ることはありません。個人の悟りという考えは、人々を駆り立てる根本的無知です。

分離感が探求全体の根源にあります。そして仮に人の人生がしばらくうまくいったとしても、その底にはかなりの絶望があり、あのワンネスを探すことにまた駆り立てられます。ですから、私たちは悟るためにますます一生懸命に努力するわけですが、でも決して悟ることはないのです。なぜなら、私たちは根本的に間違った概念で動いているからです。

目覚め――私が目覚めと呼んでいるもの――とは、夢からの目覚めです。そしてその夢とは、一人の分離した個人であるという夢です。それは催眠で、非常に強力な催眠性の夢です。もしあなたがハムステッド・ハイ通りを歩いていて、人々に尋ねたら、彼らは「はい、私は一人の個人で、私には選択があり、私は物事を為すことができます」と言うことでしょう。それが夢です。そして、その夢が起きている間ずっと、ある意味ではあなたは踏み車に乗っているのです。あなたは自分の尻尾を追いかけている犬のようです。そして主要な問題の一つは、探求者はワンネスとはどんなものかをまったくわからないので、だからたえず期待の状態にいることです。

目覚めはエネルギー的な出来事です。それは収縮から無限性へのエネルギー的な転換なのです。ついでに言うと解放は、あるものすべてはあらゆるものであるという理解をもたらします。あるものすべては存在です。あるものすべては生の感覚です。生の感覚は存在であり、この部屋に今あるのは生の感覚です。物事は起きています。誰かが入って来るときにはドアの音がします。椅子に座っていることが起きています。この声を聞くこと、この男が自分の腕を振りまわすこと……これが今、起こっていることです。それは生が起こっているのです。これが存在です。これは存在がマイクロフォンをやっていて、これは存在が椅子をやっていて、これは存在が生きているということです。

自分に今起こっているとあなたが考えるどんなことも、あなたに起こっているのではなく、それはただ起こっているのです。生はただ起こっています。

あるものすべては存在です。誰もこれを教えることはできません。これは教えではありません。私はあなたに椅子に座ることを教えることはできません。私はあなたに呼吸することを教えることはできません。私は誰にも存在することを教えることはできません。なぜなら、すでにただ存在しかないからです。それは単に、「私は起こっている物事から分離している」という認識から、「起こっている存在だけがある」という認識への転換にすぎません。きわめてシンプルなことです。

それが見かけで起こるとき、人々はやって来て言います。「完全な恋人が常にいつもここにいたんですね。生、存在のことです。奇妙なことは、これがどんなものか、私は他の誰にも言えないということです。なぜなら、それは知られざるものだからです。トニー、あなたにさえ、私はこれが何であるかを伝えることができません」

ですから、私たちはこうして集まって、話し合い、考えを分かち合っているわけですが、これはある程度は目覚めの表面的な部分です。しかし、エネルギー的には言葉を超えた何かの感覚があります。私はそれを、虚空があるという感覚としてたぶん描写できるでしょう。それはただ空っぽです。ただ空間がそこに座っています。誰もそこにいません。誰もいません。ただ空間があって、その中で物事が起こっています。そして、あなたには人生があった、人生がある、人生があるだろうという考え全体が単に抜け落ちるのです。カルマ、原因と結果、行動、為すこと、道という考え全体が単に崩壊します。このメッセージはあらゆることを転覆させます。

［沈黙］

§§§§

では、人ができることは何もないのですね。人はただそれと連動することができるだけなんですか？

誰もいません。だから、これは連動を超えています。

はい、まさにそうだと思います。

それはその椅子に座っている以上のことは何もありません。「私はまだそれを得ていない。私はまだそれを見ていない」という考えがわき上がったら、それが起こっていることです。すべては存在で、それ以外は何もありません。

はい、でも目覚めは原因と結果を超えています……

今、何と言いましたか？

もし目覚めが原因と結果を超えているなら、と言ったのです。あなたがそう言ったと思います――原因と結果を超えている――どんな前提条件もない、と……

はい、原因と結果は夢の考えであることは明らかです。

だとしたら、探求が目覚めの起きない原因となりうるのはどうしてなんですか？　私の言わんとしていることがわかってもらえますか？　もし目覚めが原因と結果を超えているなら、探求のようなある種の物事をやることで、それが起きない原因となるのはどうしてなんですか？

でも、探求も存在です。それが起こっていることです。見かけの探求がある間はずっと、見かけの原因と結果に対する信念と期待があります。ですから、何かに近づこうとすることや、何かを発見しようとすることの全エネルギーは、得ることができない永遠のものをいつかは得るだろうという期待のエネルギーです。でも、探求しろとか探求するなと、私が言っているのではないことは明確にしましょう。私はただ、「探求者」が常に期待の中で機能しているという見かけのジレンマを描写しているだけです。探求者の問題は、彼らが常に自分は何かであると考えていることです。「私は何かである。私は人間と呼ばれている何かである。そして、『悟り』と呼ばれている何か別のものがあり、私はそれを得なければならない」。それは別の何かです。しかし目覚めとは、あなたが探し求めてきたものはすでに何でもなく、かつあらゆるものであるという理解です。それは向こうの何かではありません。それはあらゆるものです。まさにこれです。あなたが探し求めているものはこれです。それは決して失われたことがありませんでした。

存在の内部で、見かけの原因と結果が起こるのです。

では、探求をやめるためにできることは何もないのですか？

誰もいませんし、探求をやめようとすることは、探求をやめることを求めることです！　あなたにできることは何もない、ということではないのです。そもそもそこに誰もいないのですから。あるものすべては生です。あるものすべては存在です。それは誰にも起こっていません。それはただ存在です。問題は、あなたが自分は何かを見つけなければならない人であると考えていることです。見つけるべき何もないのです。待つべき何もないのです。知るべき、あるいは気づくべき何も絶対的にありません。まさにこれです。

では、それを認識すると、そのときどう変わるのですか?

それが起こったとき、私に電話してください。それはただただ完全に描写不可能です。あなたがそれを認識するのではなく、認識が起こるのです。それは素晴らしいものです。描写できるのはそのくらいです。

まさに。

それが素晴らしいのは、それはエクスタシーでも至福でもないということです。それは完全に描写不可能です。フランスでの週末合宿で、それが見かけで誰かに起こりました。彼が川を泳いで渡っている途中でそれが起こりました。彼の隣に泳いでいる人がいたのですが、彼は「これとは何か、この人に言うことは不可能だ」ということを理解しました。それは絶対的に素晴らしいものですが、驚くべきことに、それは完全に普通で自然であるということです。探求者がいると、探求者と永遠の存在の間にベールがあります。分離のベールです。それは幻想のベールですが、非常に強力で、私たちはそのベールを見通すことができません。私たちがやっていることは、あらゆることを「向こう」に見続けることです。存在には外側も内側も、上も下も、前も後もないことを私たちは理解しません。

でも、それはある種の異なる感覚的な何かをもっているのですか……

いいえ、違います。違った感覚など何もありません。私が見るものをあなたも見ます。何も変わりませんが、でも、あらゆるものがあるがままに見られるのです。

知覚が違うのですか？

知覚は完全に根本的に違います。しかしながら、知覚は存在の中で起こります。

§§§§

トニー、私の経験では、これらのすべてに気づいている何かがあることがわかりました。私は自分の頭の中に思考がやって来ることに気づきましたが、それらは異なる種類の原因、異なる結果、異なる感情でした。それにもかかわらず、私が「この自分とは何か」を眺め見るとき、何もないのです。それにもかかわらず、起こっていることに気づいている何かがあるのです。

気づきが一度は取り除かれたのです。それでもまだ微妙に二元的です。あなたがその椅子に座っているという気づきがあります。ですから、二つのものがあることになります。椅子の上に座っていることと、それへの気づきです。解放は観察者、気づき、そのすべてを完全に超えています。気づきはまだ一つの経験です。自己探求のような物事の問題は、人々はこの気づきの中に入りますが、明らかに彼らはその中にいることができないことです。なぜなら、それはまだ時空の物語の中にあるからです。それはまだ夢の中です。それはまだ一時的です。それは行ったり来たりします。あなたはその中にいることができません。あなたはその中にいようとしますが、できないのです。

唯一、常にあるものがあります —— 存在です。それは決して去りません。それはやって来ませんし、去ったりもしません。私たちは走りまわって、「それはどこにあるのか？　それはどこなんだ？」と探し求めます。あなたは存在をおこなうことはできません。誰か呼吸することができる人がいますか？　誰か椅子に座ることをやれる人はいますか？　あなたは存在を達成できません。存在があるものすべてで、それが感覚を通じて話しているのです。

感覚はあなたに向かって「ほら、私はすでにここにいる」と叫んでいます。五感や感情、思考はすべての存在性が単に存在するということであり、探求者はすでにあるものを、すなわち完全に探求者に向かって叫んでいるのに、知られざるものを探し求めているのです。

§§§§

では、死ぬとき、存在がないのであれば、死はどこに位置するのですか？

さて、これは死に関連しています。あなたは死ぬためにここにやって来ました。十ポンド支払って……それは実際かなり安い金額ですけど（笑）。これは個人の夢の消滅についてです。これは分離した個人の死についてです。

はい、でも本当の死ではありませんね。

それは肉体的死のときに起こることです。肉体的な死のとき、あるものすべては解放です。死は個人的な分離の夢の終わりです。それは肉体の中で起こるか、私たちが死と呼んでいる出来事で起こるか、どちらかです。

でも、あなたが分離の夢がなくなると言うとき、あなたはまだそこにいます。

ここには誰もいません……あなたは何でもないものに話しかけています。

でも、その肉体がここにあります。それが、私が本当の死ということで言わんとしていることです。あなたの肉体はまだここにあります。

これは誰の肉体でもありません。これは存在が肉体をやっているのです。

では、あなたの肉体か誰かの肉体がなくなるとき、いずれにせよ、そこに解放されたり、されなかったりする人はいないわけですね。

はい、そのことはたえず無視されている全ポイントです……解放されるべき人は誰もいないのです！

ＯＫ。でも……

いいえ、ちょっと待ってください。あなたはそのことを聞きませんでした。

それは私の肉体ではありません。それは肉体です。

肉体が起こっているのです。

でも、それは私のもののように見えます。ですから、それが私のもののように見えるかどうかで何が違うのですか？

違いは、それがあなたのもののように見える間はずっと、自分が肉体を所有しているという夢を見ている分離した実体がいるということです。それが死ぬとき、ただ存在だけがあることが突然理解されることでしょう。その理解は途方もないことです。

でも、誰がそれを理解するのですか？

誰でもありません。

ただし、そこには何もないわけですね。

いいえ、ただ何でもないものとあらゆるものだけがあり、それが存在です。

だったら、なぜ探求し続けるのですか？

まさに。それは非常に楽しいことなのです。おわかりのように、これは探求することや探求しないことについてではありません。私たちがここで話し合っているのは、探求をやめるという考えを完全に超えています。探求は存在の完全な聖なる表現です。ですから、それについては正しいとか間違っているとかいうことは何もありません。それは生の感覚です。それを理解したり誤解したりする人は誰もいません。

§§§

嫌いという感情は、まだあなたにも起こるのですか？

はい、嫌いも好きも、誰でもないものにもまだ起こります。あらゆることが解放の中で起こります。でも、それが誰かに起こっているわけではありません。もちろん、誰かに起こったことは一度もないのです。

これは変化したのですか？

いいえ、まだ見かけの人たちを嫌うことがあります。

でも、あなたが彼らを嫌うことは同じですか？

それはもはや私の嫌悪ではありません。それは単に嫌いという感情です。

わかりました。でもそれは以前の状態とは違うのですか？

あらゆることは完全に新しいのです。この存在の中に生きることは、あらゆることが完全に新しいということです。嫌いという感情と一体化する中心はもはやないのです。

以前には嫌ったという記憶のような感じですか？

記憶はまだわき起こりますが、それは常に新しい別のことです。あらゆることがわき起こっては、消えていきます。記憶、嫌い、好き、これらすべてのものが、誰でもないものにも見かけで起こり続けます。それは単に存在の表現です。それは自由落下の中で起こっているのです。

でも、あなたの話を聞きに来ている多くの人たちは、自分はこの「自分」をもっていて、それは自由落下していないと思っています。それは実に固定されています。自分は個人であるという考えが実に凝り固まっているのです。

見かけはそうです……それがそうでなくなるまで。

何であれ、起こるまで。

分離は完全に夢見られています。

夢という言葉は私がまったく理解できない言葉です。なぜなら、それはただ東洋的な話に聞こえるからです。私は夢とは何かを一度も理解していません……

OK。それで問題ありませんよ。夢と言う代わりに、それは自分が分離した個人だという信念と経験であると言うこともできます。あなたは、自分は分離していることを経験し、それが完全に信じられていて、エネルギー的に場所にしっかりと固定されています。

でも、個人というものを見つけることはできないんですよね。

あなたが自分は分離していると信じているから、できないのです。あなたは自分が自由意志と選択をもつ分離した個人だと信じ、その信念が固定されているのです。それについては疑問の余地はありません。分離した個人にとっては、「私は分離した個人である」ことに何の疑問もないのです。

でもあなたが言っているように思えることは、目覚めが起きたあとでも、あらゆることは起こるが、それは誰かにとって起こるのではないということです。

分離した個人がいるという信念と経験がもはやないのです。

ということは、個人がもはや固定されないのですね。

いいえ。個人性が機能している間、ずっとそれは固定されているように思えます。

それは信念の固定化を解除することなんですね。

はい、そうです。でも、誰もそれを解除しているわけではありません。それはただあるだけです。

たとえばシンプルに言って、あなたは自分が個人であるという経験を絶対的に信じながらベッドに行くわけです。そして翌朝、目覚めがあります。すると、その信念と経験がもはやないのです。

わかりました。私はそれを起こすことができないということですね。

はい。なぜなら、あなたは自分が分離した個人であると信じ、経験するからです。「私は一人の個人である」。なぜあなたは信念を解消したいのでしょうか？　それはあなたの死です。

なぜなら人は、自分が一人の「私」であると考えることが問題だと聞いているからです。

でも、それは概念的な考えです！　これを概念的に分かち合うことはまったく不毛です。これは言葉についてではありません。これは完全に言葉を超えている何かについてです。言葉は使われますが、もしあなたが人々に、「あるものすべては存在である。あらゆることは存在の表現で、何も発見することがない。まさにこれです！」とただ繰り返し言い続けているだけなら、それは目の見えない聴衆に向かって、「あるものすべては見ることです。それは問題ではありません。みなさんは見ることができませんが、でもあるものすべては見ることです。ですから、それでＯＫです」と言うようなものです。私たちがここで描写していることは、見かけの分離からのエネルギー的転換です。

§§§

これらのすべてがあなたに起こったあと、あなたと人々との関係が根本的に変わったのかどうかをちょっと考えていました。あなたは人間関係を失ったり、新しい関係を得たりしたのですか？

私にはわかりません。そうであったかもしれませんが、そのことは本当には重要ではありません。誰もいないのです。解放の前と後にも、ただあるがままがあるだけでした。それはよりよくなったり、より悪くなったりしません。ただあるがままです。

ということは、何も大きく変化しなかったのですか？

価値があるとか、個人にとって物事がよくなるという意味では、まったく変化はありません。解放は個人のためのものではありません。ですから、個人にとってそれはまったく無価値です。事実、解放は個人にとって最悪のことです。なぜなら、それは個人性の終わりだからです。何も得ず、すべてを失うのです。これはすべてを失うことであり、それでもまだあなたはあなたをもっています。

解放のあとで、何ゆえにこの存在は起き上り、食事をし、仕事に行ったりするのでしょうか？

解放以前では、あなたは自分には動機があると信じています。なぜなら、あなたには人生があって、「あなたが」あらゆることをやっているからです……あなたがあらゆることを起こしている、というわけです。「私には自分の人生があり、毎朝仕事に行きます。収入を得て支払いをしなければならないからです」。解放のあとでも、起き出して仕事をし、支払いをすることは起こります。奇妙なことに、それはただ起こるだけですが、あなたはそれに「自分」を付け加えます。あなたは自分が仕事に行くという物語を付け加えるのです。

でも、もし誰もいないとしたら、そのときには誰も仕事に行く必要もないでしょう。つまり、誰もお金を稼ぐ必要もないでしょう。

何も変わりません。なぜなら、誰もおらず、何の必要もないからです。分離の夢の中以外では。

それでは、何と言えばいいか、あなたはただ横たわって、存在することができるだけのように私には思えます。

でも、誰が横たわっていることを選択するのですか？　誰もいないのです。誰も何もやったことがありませんし、誰も何もやることもないでしょう。人々はただ夢の中で自分がそれをやっていると信じているだけです。横たわる、立ち上がる、朝食を食べる、働くことが見かけで起こりますが、でもあなたはそれを起こすために、自分が何かをしなければならないとまだ信じています。……「私はそれをやっている」。ですから、存在が模造の「自分」を付け加えるのです。行為者はいませんし、ただ起こることがあるように見えるだけです。

もし人が火に油を注ぐことをやめ、ただ存在しているとしたら……

誰がそれをおこなうのですか？

私にはまだわかりません。

それが問題です。それが私の言っていることです。火に油を注ぐのをやめたり、始めたり、ただあることだけを選ぶことができる人は誰もいないということです。それをやらなければならない人は誰もいないのです。存在は分離した実体があってもなくても、ただ存在です。存在を求めているあなたも存在の表現です。ですから、存在はどんな要求もしません。何であれ、あるがままが無限で完全な全体です。

§§§

あなたが鏡を見るとき、あなたが見るものは存在の一部なのか、そうではないのか、どっちでしょうか?

あるものすべては存在だけです。

でも、あなたが実際に存在というわけではないですよね。

存在でないものは何もありません。鏡、目、顔、光、みんな存在です。あなたという観念もまた存在です。

では、鏡の中の反射を誰が見ているのですか?

存在が存在を見ています。今、存在が存在と話しています。でも問題は、あなたが自分は向こうにいる人であり、私はあなたに話しかけている別の人で、あなたは存在を発見しなければならないと思っていることです。問題は、あなたはこれが二人の分離した対象物の間で起こっている何かだ、と考えることなのです。現実は、起こっているこのすべてが純粋な存在です。ただそれだけがあります。

それはあまりにシンプルすぎます。

それは完全にまったくシンプルで、このように探求から隠されているので、心が解明することができない一つの秘密です。それはあまりにシンプルなので、心を完全に混乱させるのです。心はどうしてもこれを見ることはできません。心がこれを見ることは無理なのです。なぜなら、心は時間と活動、期待と複雑さに固定されているからです。心がこれを理解できる可能性はありませんし、もっと強く言えば、心は自分自身の終焉《しゅうえん》を恐れています。死の恐怖から、継続の必要性がわき起こり、そのことが何かになるという目標志向の教えの促進を生み出し、強化するのです。

§§§

私は人も選択もないことを理解できます。あなたが言っているように思えることは、その人が何かに条件づけられていた過去はないということです。これで正しいでしょうか？　過去は何もないのでしょうか？

過去と、わき起こる条件づけがあるように見えますが、そのように見える永遠の存在があるだけです。

ということは、その意味においては、それは起こらなかったのです。では、現在とはいつですか？

現在はありません。

現在もないわけですか？

どんなことも起こっていません。過去もなく、未来もなく、上もなく、下もなく、内側もなく、外側もないのです。現在の瞬間もありません。私に現在の瞬間を見せてください……それはどこにありうるでしょうか？

それはこういったものが概念だからでしょうか？

はい。それらはただ分離した人の夢や信念や期待が、この時間、目標、意味、目的、原因と結果、カルマ、過去生の中に起こっているだけです……すべての夢物語がこれとして起こっているのです。私たちが分離するやいなや、私たちは答えを望み、だから「ああ、何か意味があるはずだ。なぜこれは起こっているのだろうか？　なぜ私は天国にいないのだろうか？　善はどこにあるのだろうか？　なぜ私はそれを失ったのだろうか？　私が生きているこの人生には意味があるはずだ。だから私がしなければならないことは、意味を発見することである」という考えをその希望にくっつけるのです。それで私たちは意味を教えてくれる人たちのところへ行きます。「はい、意味があります。努力、犠牲、献身、帰依、変化、心身の個人的な浄化、その他の何かになる教えを通じて、その意味を発見する方法を、私が教えてあげましょう」と言う悟りマスターたちのところへ行くのです。

もし何の意味もないなら、カウチポテト族（訳注：ソファーに座ってスナックを食べながらテレビやビデオばかり見ているような人）になるのをどうやって防ぐのですか？

何もできません。もしカウチポテトすることが起こるなら、それは起こるのです。カウチポテト族になることを選択できたり、ならないことを選択できたりする人は誰もいません。ですから、多くの人たち、先生たちも含めてこんなことを言います。「トニー・パーソンズはスピリチュアルな怠惰を教えている」と。もちろん、彼らは実際に言われていることを聞いていません。彼らは、トニー・パーソンズは「あなたにできることは何もないから、家に戻ってイースト・エンダーズ（訳注：イギリスで放送されている連続テレビドラマ）でも見ていなさい」と言っているのだと思っていますが、でも実際はそれがメッセージではありません。

根本的メッセージは、自由意志や選択をもつ分離した実体というものは存在しないので、イースト・エンダーズを見ることを選択できたり、見ないことを選択できたりする人は誰もいないということです。見かけでおこなわれたりおこなわれなかったりすることは、存在にとっては完全にどうでもいいことです。

だから、人が自分のアイデンティティに執着するとき、物事をねじ曲げ、物事を望み、物事をおこなおうとするわけですね。

それは人が、自分がこれらの物事をやっていて、もっと多くのものを得るために、それらをやる必要があると夢見ているからです。

で、それがただ消滅するのですか？

消滅するのは分離していると感じている人です。ただ存在だけがあります。それは思い描くことができません。それは描写することができません。それは決して知ることができません。

この物語は非常に人の心を掴んで離しません。これはそれほど人を動かします。

それはあなたの心を掴んで離さず、あなたにとっては魅力的です。もし起こっていることから「自分」を引き出せば、それはただ起こっていることだけです。今起こっていることで、あなたの心を掴んでいることは何ですか？　私が言わんとしていることは、それはただ起こっているということです。その何が心を掴むのでしょうか？

それは非常に現実に感じられる思考の物語です。

では、その物語は今どこにありますか？　その物語の中で何が起こっていますか？

その物語の中で何が起こっているのでしょうか？

これは今どこに向かっているのでしょうか？　物語がありますか？　そこに何が起こっているのでしょうか？　その肉体の中で今何が感じられていますか？

疲労です。

だったら、それが今あることです。すなわち、これ、存在性です。でも、心は疲労を掴んで言うわけです。「これはお前の疲労だ。だから今すべきことは、ベッドに行くか、あまり一生懸命に働かないか、あるいは自分のエネルギーをよりよく使うことである」。で、あなたは自分にとって物事をよりよくしようとして、物語の中に戻るわけです。

はい。それは疲労がそこにあるからです。

いいえ、違います。それは、本当はあなたがまだそこにいて、疲労を所有しているからです。そのときあなたはベッドにいて、十二時間眠ったら、気分がよりよくなったことを所有することでしょう。それは常に自分に言います。「お前は気分よくなるだろう。あるいは、より悪くなるだろう」。自分……それはあるものの中で最大で最強の中毒です。

§§§

話題を変えてもいいですか?

はい。

これがあなたが生きる最後の人生かどうか、どうしてわかるのですか?

これは最後の人生でも最初の人生でもありませんし、まったく誰の人生でもありません。これはあなたの人生ではありません。自分自身の人生をもっている人は誰もいません。ただ生だけがあります。

それでは、あなたにとっては過去生は無関係なのですか？

はい、明らかに誰もいないからです。

ＯＫ。わかりました。

過去は何もありません。なぜなら、誰もいないからです。心は物事が継続することを望みます。だから自分には過去生があったという考えを生み出すのです。たいていは、偉大なヒーラーとか女王とかという過去生です。それは絶対にトイレ掃除人としての過去生ではありません！（笑）。それからあなたは死んで、別の偉大な女王として生まれ変わるわけです。あるいはトイレ掃除人として。（笑）

それは夢の中の個人がいつも継続したいと願うことで、自己生存とも呼ばれ、だから探求し続けるのです。なぜなら、それは物事が継続して欲しいと思うからです。それは終わりたくはありません。それは死にたくはありません。それが最も望まないことは解放です。それが最も望まないものは不在で、不在が解放です。でもほとんどの探求者は何かを欲しがっています。彼らは悟りたいと思い、それが自分の終わりだとは思わないのです。彼らは自分は悟るだろうと思い、他の人たちは悟っていると思うのです。

§§§

未来もなく過去もないことについて、何か言っていただけますか？　なぜかと言うと、そのあたりの記憶が曖昧な感じなのです。もし過去もなく未来もないことが見られ、知られるとしたら、それはある意味では目覚めと同等ということではありませんか？

いいえ、違います。目覚めは不在です。それは何もないことです。分離の終わりが目覚めです。分離しているという夢からの目覚めがあるとき、ただ存在だけがあります。でもその存在の中で、先週起こった何かについての見かけの記憶がわき起こる可能性があります。でも記憶とは存在するこれなのです。もしあなたが記憶を眺めれば、それはただこれの中にだけ起こります。記憶が起こる［手を叩く］。それももう一つの生の感覚です。何かを思い出すことが生の感覚です。でもだからといって、それは先週が存在したことを意味しているわけではありません。

はい、意味していません。でも、時間、場所、人に囚われているという感覚が現実に思えるのです。

はい。夢の中のあらゆることが、それが現実であると夢見る人に完全に確信させてくれます。夢の中のあらゆることが、彼らは時間の中にある世界の個人であり、人生が彼らに起こり、それには意味と目的があると夢見る人に確信させます。

でも、それに対する解毒剤は絶対的に何もないのですか?

夢見る人が消滅することを除いては。目覚める以外に、夢を見ることへの解毒剤はありません。

はい。ということは、そもそこにあるものに対する救済策も、何もないということですか?

救済策は必要ありません。なぜなら、それに関して何も悪いことはないからです。

何について悪いところが何もないのですか?

夢見ること、分離です。それは存在の表現です。分離の中には不安感があり、そのために探求者には喪失感と苦しみの感覚が生まれるので、彼らは苦痛からの逃避や、その解消へと駆り立てられるのです。探求者にとっての問題は、彼らはそれから逃避もできないし、その解消もできないことです。なぜなら、その努力そのものが分離感に油を注ぐからです。

そういった苦痛は、ただ存在の中にいるときにも起こるのではありませんか？

はい。ただ存在だけがあります。存在の中にいるときやいないときに苦痛が起こる、ということではないのです。ただ存在だけがあり、探求が存在の中でわき起こります。

だから、救済法はないのです。なぜなら、人は自分を止められないからですか？

はい、そうする必要がありません。なぜなら、苦痛、喪失、探求に何も悪いことはないからです。それはただただあるがままです。

ということは、この問題を理解する明晰さは何の役にも立たないのですか？

はい。

つまり、これを聞きに来ていることには、絶対的に何の意味もないのですか？

はい、まったく何の意味もありません。

しかし、本当にないのですか？

はい。でもあなたは来ることをやめるでしょうか？

私は来ることをやめることはできません。

なぜなら、どちらかを選択できる人は誰もいないからです。どれほどの概念、どれほどの言葉や考えも、人の目を開かせることはありません。それらはただ言葉にすぎません。

§§§

トニー、あなたはエネルギー的転換についてお話されました。私は何らかの種類のエネルギー的伝授の可能性を想像しているのですが、そのおかげでここにいるこの見かけの肉体－精神が……

いいえ、絶対的にそういうものはありません。なぜなら、何かをもっている人は誰もいないからです。何かをもっている人は誰もいないゆえに、何かを誰かに与える人も誰もいないのです。そして、他の人は誰もいないので、そもそもそれを与えるべき人もいません。ある人から別の人へのエネルギーや悟りの伝授という考え全体が、個人的悟りという間違った概念にもとづいています。つまり、悟りと呼ばれる分離した何かがあって、それは大量のキャンディーのように、何かの方法で所有されたり、誰か他の人に渡したり、与えることができるという考えです。

エネルギー的なものとは何ですか？

存在は無限です。ただ無限性だけがあります。ただ存在だけがあり、それ以外に他の何もありません。存在でない何かを見つけようとしてごらんなさい。ただ存在だけがあり、それについて驚くべきことは、その存在の中に、存在はないという考え……一人の自分がいて、悟りを探し求めているという考えがわき起こるということです。これは絶対的に完全な全体であり、その完全な全体の中で、これは完全な全体ではないという考えがわき起こるのです。

でもそれも考えにすぎません。それはエネルギー的に固定されています。探求者はエネルギー的に「自分」にしがみついています――「私はこの肉体の中にいて、向こうにあるものから分離している！」。自分にしがみつくことは、恐怖と生き延びる必要性から来るエネルギー的収縮です。その見かけの収縮は無限性の中へ消滅することが可能です。エネルギー的転換は分離の欠如から**見かけ**で起こり、それゆえ誰かに起こるわけではありません。

§§§§

少し前、あなたは何も起こっていないと言いました。

はい、絶対的に。

だったら、どうしてあらゆることが起こっているのに、何も起こっていないことがありうるのでしょうか？

それが神秘です。これ〔手を叩く〕は何でもないものが起こっているのです。それは何でもないものです。それは何でもないものがその手を叩いているのです。探求者にとっての困難とは、それは現実である**何か**であり、それは時間の中でその探求者にとって起こっている、と考えることです。探求者は自分たちが何かであると考えるというただそれだけの理由で、他のあらゆるものを多くの他の何かとして見ることができるのです。彼らは何でもないものを見る勇気がありません……それはあまりに恐ろしすぎます。

それに対する答えは何ですか？

それは謎です。答えは何もありません。しかし、それを見たり見なかったりすることは問題ではありません。まさにこれです。すでにこれは存在の遊びです。「私はこれを見ていない」という欲求不満でさえ、絶対的に存在の遊びです。

ということは、それは原因と結果ではなく、つまり適切な条件とは何の関係もないのですか？

何かになるという夢の中以外で、条件は何もありませんし、原因と結果もありません。

でも、もしあなたが自分の手を壁とか何かに打ちつけるなら……

手は痛みます。

手を打ちつけた結果、手が痛むのです。

明らかにそのように見えます。

だったら、なぜそれが原因と結果ではないのですか？

それは原因と結果のように見えるだけです。現象においては、原因と結果があるように見え、夢見る人にとっての困難は、そのとき彼らが何らかの種類の固定した現実と意味をそれに当てはめることです。そしてそれゆえ、それに従い、「もし私が瞑想すれば、私は静かになるだろう。それは原因と結果である。そのとき私は目標に到達するのだ」と言うのです。どんな私もいませんし、到達すべきどんな目標も時間もありません。

ということは、見かけの原因と結果はあるけど、実際の原因と結果はないということですか？

実際的であるものは何もありません。すべての現象は、現実でかつ非現実です。それはシンプルに存在です。ネコは存在です。木は存在です。壁は存在です。人間も存在ですが、自分は存在から分離していると夢見るのです。

では、その夢の外にあるものは何もないのですか？

はい。夢は自意識の夢です。夢、あるいはもしそのほうがよければ、分離しているという信念と経験と言ってもいいですが、それは人間に特有なものです。分離を感じる猫はいません。木は分離を感じません。自分を意識している木に出会ったことがありますか？　私たちは存在として存在を探して歩きまわっていますが、それは目覚めることができる夢なのです……見かけでは。

でも、仮に人間が存在しなくても、まだ木とネコは存在していますよね。

いいえ。

違うんですか？　木とネコは存在しないのですか？　それは昔から言われたことのようです。森の中で木が倒れても、それを聞く人は誰もいない……（訳注：「誰も見ていない森の奥で倒れた木は存在していると言えるのか」というアイルランドの哲学者・聖職者ジョージ・バークリーの命題の引用）

はい。あるいは、もし一人の男が砂漠に立っていて、二千マイルにわたって女性が誰もいないなら、それでも彼がおかしいということでしょうか？（笑）

§§§

人が悟る、あるいは自由になるとき、平和と喜びと至福があると私は聞いています。

それは何かを売る方法です。ご存じのように、悟りの教え全体が、「あなた」が何かを得ることについてです。しかし皮肉なことに、悟りとは喪失についてなのです。それはどんな「あなた」もいないことについてです。この考えに口先だけの賛意を表す先生がたくさんいます。彼らはまずこう言います。「ただワンネスだけがあります。悟りについて誰も何もできません。それは完全にどんなことも超えています。しかしその一方で、それを発見するためにしなければならないことは、瞑想したり、自己探求をしたりすることです」。……あるいは、何であれやるべき儀式があるようです。誰もおらず、準備することも何もないことを発見するために、あなたは自分自身を準備しなければならないというわけです。（笑）

目覚め、自己実現、解放というような異なる描写に対して、あなたはどう解釈していますか？

私は「目覚め」と「解放」という言葉を使います。なぜなら、私はそれ以外に使う言葉を思いつかないからです。しかし、目覚めとか解放などというものはないのです。いずれにせよ、何も起こっていないからです。ただ存在の遊びがあるだけで、だから何も解放される必要がないのです。つまり探求者にとっては、これらはただの言葉にすぎません。これらの単なる概念的な教えは、探求者がかかえる見かけのジレンマを明らかにしませんし、それらはすべての中で最も強力なもの、エネルギー的要素を完全に無視しています。

目覚めはエネルギー的転換です。それはこれの……起こっていることの生の感覚です。それは感じられているものの本質の内部にある贈りものです。あなたは概念的な考えを永遠に繰り返すことができますが、でも考えはこれに関する物語です。私にとっての目覚めとは、分離した個人がいるという夢、あるいは信念や経験からの見かけの目覚めとして、私が見ているものを描写するのに最も近い言葉です。しかしながら、目覚める人は誰もいません。

ということは、人々はあなたのまわりで「ポンとはじけて」しまうのですか？

いいえ。絶対的に違います。なぜなら、これは私のまわりにいることとは関係ないからであり、どんな「自分」もいないからです。でも探求者たちが出会い、伝え合っているものは何でもないものであり、見かけの何かが何でもないものに出会うとき、エネルギー的転換が起こる可能性があります。また、その自由の中では誰に対してもどんな要求も期待もなく、奮闘と努力の全感覚が抜け落ちます。あらゆる人が全体性の中ですでに見られているのです。それはすでに存在である、あらゆる何かを再発見することです。しかし、まさにその本質上、それは与えたり受け取ったりするために誰かがもっているものではありません。

では、私は夢の登場人物というより、夢見る人ということでしょうか？　あるいは、その両方が少しでしょうか？

夢見ることはただ分離についてです。夢のあと、見かけの解放のあと、まだ特徴があります。特徴をもっている肉体－精神がまだあります……それは生の感覚が見かけで起こっているということです。

そのときは一人の夢見られた登場人物として、ですか？

いいえ。夢とは一人の分離した実体であるという夢についてだけです。

でも、夢は終わったんですよね。

はい。見かけの解放の中では分離しているという夢はもうありません。

興味深いことは、大人は分離の幻想を永続するわけですが、でもどうやってもその幻想を止めることはできないということです。なぜなら、人が自分の子供に名前をつけた瞬間、子供にアイデンティティを与えたからです。

それについては悪いことは何もありません。それは存在がアイデンティティ・ゲームをして遊んでいるのです。そして、世界のあらゆることがそのことを強化します。ラベル貼り、名前づけ、この世界とうまくやっていくためにあなたが教えられるあらゆることです。ですから、あなたは自分の人生をうまくいかせようとしながら成長します。そして、自分の人生をうまくいかせる一つの方法が、あらゆることを知ろうとすることです。「物事をコントロールできるために、私はあらゆることを知らねばならない」。たぶんあなたが十八歳の頃、あなたはこの絶対的に聖なる女性と恋に落ちます。あなたが恋に落ちると、突然再び未知がやって来ます。なぜなら、恋に落ちるとはこれと非常に似た味わいがあるからです。そして、あなたはこの絶対的に聖なる存在と完全に恋に落ちます……少なくとも一週間の間は。（笑）

それから何が起こるのですか？

それからあなたは恋人のことを知ろうとします。そして、時計が再び時を刻み、あなたは知っている何かならコントロールすることができるため、知ることに戻るわけです。あるいは自分はそうであると夢見るのです。

ですから、私たちは自分が知っていると思う世界を見かけで作り上げようとするわけです。私たちは自分がこれをやっていると思っていますが、それは存在がそれをやっているのです。私たちは自分がそれをやり続けていると信じていて、だから世界は既知で退屈なところになるのです……そして表面的には安全です。ここで伝えていることは、絶対的な驚きとありのままの生き生きした子供のような無邪気さです。それは信じられないほど自由ですが、また危険でもあります。それは未知にいることです。

恐れもまたありますか？

はい。恐れもまだ起こる可能性があります。あらゆることが起こります……誰のためでもなく……それは絶対的で、無限で、情熱的な生の感覚です。

それはすごく素晴らしく聞こえますね。

はい。でもそれは誰かにとって素晴らしいわけではありません。

その情熱的な生の感覚は継続するのですか？

それは継続しません。なぜなら、それは一度も始まったことも終わったこともなく、来たり去ったりしないからです。それは永遠です。

あなたはあらゆることをベールを通して見ています。あなたは時間の物語の分離した夢見る人の認識であらゆることを見ています。ただ何かが他の何かを見ているだけです。だから、あなたはその壁をありのままに見ないのです。あなたは自分が夢見ているものとしてそれを見ます……あなたはそれを、何でもないものがあらゆるものであるとは見ないで、分離した何かとして夢見ているのです。

わかりました。私が夢の探求者であるだけではなく、私が見るあらゆるものが夢なのでしょうか？

そのようです。

わかりました。では、もし目覚めが起きたら、他の何かがあるのです。

ある意味では、それは何でもないものとあらゆるものに関係しています。あるいは、この会話のために便宜上、それを「何でもないものと何か」と呼びましょう。夢の探求者は自分自身を何かとして経験するだけでなく、それゆえまた壁を何か別のものとして見ます。夢がないとき、壁は何でもないものでかつ何かとして見られます。夢の探求者が見ることができず、見ることを恐れているのは、顕現しているあらゆるものの中の何でもないものを見ることです。

そしてもし誰もいないなら、そのときは……

そのときには、あらゆるものは何でもないもので、かつ何かです。

わかりました。では、そのとき、それらは同じものなんですね。

はい。でもある意味ではあらゆるものが異なって見られます。なぜなら、それは本当のままに見られるからで、つまり、何でもないものがあらゆるものとしてわき起っているということであり、それが存在性です。

でも私たちはすでに……誰かがいたことは一度もなかったのですか？

はい。絶対的にそうです。ただ存在性だけがあります。でも、残念ながら私たちは今、たとえ話に戻っています。何でもないものがあらゆるものとして現れているだけであり、そのあらゆるものの中に、何か分離したものだけを見る個人がいるという考えがわき起こっているのです。

私はあなたの言っていることが本当に深く感じられます。

はい。これはすべて直接的で躍動する生の感覚を感じることについてであって、その感覚は知らないというこの贈りものです。

§§§

あなたが今ここで立っている感覚はどんなものですか？　それを描写する方法がありますか？

温かさ。存在が温かさやワクワク感、しっかりと地に着いた足となっています。たった今誰かが向こうで動きました。車が通り過ぎました。

でもそれらは何らかのものにならないのですね。

いいえ。それらはただ見かけで起こっていることです。形の中の形なきもの……存在性です。

わかりました。ということは、それらは結びつけられているわけではないのです。たぶん私たちがそれらを結びつけているのだと思います。

それは分離した実体がそれらを結びつけ、知られうる物語に仕立てあげるのです。そして、彼らは起こっていることは自分に起こっていて、それはどこかへ到達するという意味をもっていると夢見るわけです。

わかりました。私が経験していることは——それは絶対的に真実ですが——まるで殻が抜け落ちるかのように、信じられないほど傷つきやすい感覚です。

はい。

私はある種鳥肌が立っているような感じなのです。本当に私がただ感じていることは……

危ない感じ？

はい。何かが剥《は》がれ落ちたような感じがするのです。エビか何かの感じです。もし人が抜け殻を剥がすなら、もう何も保護がないわけです。そしてそれは不快に感じられます。もし私が物語の中に入らないなら、それはただ肉体的に不快に感じられます。

あなたが自分であること、安全に感じることに戻る方法は、時間の中にあるあなたの見かけの物語に入ることです。

はい。でも人はその傷つきやすさに対処し、それとともにただ生きるのでしょうか？

いいえ。それに対処する人は誰もいません。ただむき出しのあるがままがあるだけです。

そのときには、すべてはただ起こる？

それは裸で、あらゆるものに対してオープンであるような感じで、危ない感覚があります。あらゆるものが突然未知となって非常に生き生きする……そこにはどんなフィルターもないのです。

人はそれに慣れるのですか?

何かに慣れる人は誰もいません。あなたが個人として以前に準備していた人工的なフィルターは何もないのです。だからそれは、人々がいわゆる「無執着」と呼んでいるものとはまったく何の関係もありません。それは完全に純粋な生の感覚です……誰にとってでもなく。

トニー、傷つきやすさのこの感覚は、すべてのフィルターが剥がれ落ちたからなのですね。私は時々、フィルターとは何だったのかと思うのです。これらのフィルター、その安全感とは何だったのでしょうか?

それは、まず第一に誰かがいるという偽の感覚です。「私は分離した人間で、向こうにあるあらゆるものは私とは距離があり、何らかの意味で脅威である。だから私はフィルターを立てる。私は感情を禁止しようとすることで、自分自身を防衛する。脅威として起こるこれらの物事から自分自身を守るもう一つの方法は、それらが何であるかを理解することだ」。要するに、私たちは向こうにある脅威に見えるものを知り、コントロールすることができるように、それを理解しようとするのです。それは分離した仮説的な夢の中で私たちが建設するように見える、人工的なフィルターなのです。

一度私はこの傷つきやすさを思い出し、自分自身に言ったことがあります。「これはこれ、あれはあれ」。そしてすぐに、ずっと安全に感じました。

よく人々は私に、解放が起こりましたと言います。「先日の晩、これが起こりました」。そして、すぐに心が物語や何かをもって戻って来て、彼らを人であることへ戻すのです。「ああ、大変、何か考えさせてください……たとえば、私の当座口座が過度の引き出し超過になっていることとか、私を個人へと戻してくれるどんなことでも考えさせてください」。人々は無限性への恐れから、自分を個人性へ引き留め続けるゲームを見かけでやります。

ということは、あなたの言っていることは地図の参照地点である代わりに、地図全体になるということでしょうか？

はい。その言い方は気に入りました。でもどこかにいるあなたはいないのです。

場所の感覚は、絶対的に続くものですか？

解放の中でも、場所の感覚がまだ起こる可能性があり、そこにはただ進行していることだけがあります。参照地点がありません。何かのために進行していることは何もないのです。

ある場所にいることと他の場所にいることの間に、何の違いもないのですね。

はい。もちろん、何もありません。ただ存在性だけがあります。

6

私がアメリカに戻るとき、両親が私を迎えに空港に来てくれることになっています。私はこの一週間をどう説明しようかと考えていました（笑）。そして、私はこう言おうと思ったのです。『自分はここにいないし、教えるべきことも何もないし、あなたもまたここにいない』と言う男性から何かを学ぶためにイギリスへ行ってきたんだ。それはまったく無意味で、希望がなく、それなのにそのためにかなりのお金を使った。でも、来年の十一月もまた行こうと思っている」（笑）。そう言うのにちょっと努力が必要だと思います。

はい。私もそう思いますよ。ご両親はあなたをすぐに施設へ連れて行くかもしれませんね。

私がトニー・パーソンズとの出来事から経験として学んだことは、自宅へ戻ったら静かな場所へ行って、誰にも何も言わないことが一番よいということです。なぜなら、人は説明不可能なことを説明できないからです。できるだけ何も言わないのが実際一番よいのです。

§§§§

これのすべてに関して唯一言えることは、これや、「自分であること」と「存在であること」、誰もいないこと、ワンネスのみがあること、こうした考えのすべてである概念の中に戻って、このメッセージの主要な本質を実際に失うことは、非常に簡単だということです。

あなたは自宅に戻ったときに、誰かに話すことを描写しました。「そこに誰もおらず、私もそこにおらず、何の意味もないと言うこの男に会った」。そのすべてはこのメッセージの一部であり、それはしがみつくべきものを見かけの探求者に何も残しません。しかしながら、この公然の秘密《オープンシークレット》の中で最も重要で意味あるコミュニケーションは、ただ起こっていることの脈動する生の感覚です……見ること、聞くこと、呼吸すること、考えること、そしてまた感情がわき起こること。

私たちはわき起こる感情を感じて、それからそれらを棒でつっつく傾向があります（笑）。心《マインド》は言います。「なぜ私は怒りや悲しみを感じているのだろうか？」。それから私たちは理由を理解したり、怒りや悲しみを敬ったり、他の人たちと分かち合ったりして、それらに何かをしたりするはずです。私たちはそれをただあるがままに、そこにあるようにしておくことができません！　このメッセージは絶対的に、シンプルで現存していて、唯一の一定である生の感覚についてです。

これは恋愛歌です。自由の歌は私たちの肉体の中に、私たちの感覚の中にいつもたえずあり、肉体を通じて話しかけています。だから、ここにいないとか、意味が何もないということについてのすべては、あの絶対的に情熱的な生の感覚にとっては、二次的なものです。

§§§

では、生の感覚は何でもないものと同じくらい現実なのですか？

生の感覚は何でもないものが何かであることで、ですから生の感覚は現実であり、かつ非現実です。つまり、何でもないものが生きているものとして現れているのです。

これ「手を叩く」は何でもないものが手を叩いているのです。私たちは「解放」とか何とか呼ばれる場所、あるいは「存在」と呼ばれる場所に存在しているという観点で考える傾向がありますが、存在はこれの中に「手を叩く」あります。すべては存在です。それくらいシンプルで即時です。起こっていることは、これ、生の感覚、存在です。それは知られることはありえず、知られる必要も、しがみつかれる必要もありません。

一年ほど前、あるヒーラーの本を読んだのですが、彼は「それは呼吸よりも近く、手足よりも近い」と言っています。ですから、それはいわばまさにここなのです。

それは近くさえありません。それは「まさにここ」でもありません。それが存在するすべて、存在しないすべてなのです。私たちが探し求めているものは、常にすでにあるがままの中、生の感覚、起こっていることの中にあります。それは常にあるものすべて……そしてないものすべてです。

誰か他の人もこれを体験したかどうかはわかりませんが、私が何度か、手を拭くとかそういった非常に平凡なことをやっていたとき、突然まるで初めて自分の手を見るかのように下を見たのです。それはそれまで見かけ、それらを見ていた他のときとは非常に異なり、私はただ目を離すことができなくなり、ただそれをそのままにしておきたいと思い、ついにそれが去るまで実際それをそのままにしておきました。

はい。それは驚くべきことです。それはこれの即時性であり、すなわちそれがあるべきところであり、秘密は生の感覚の本質の中にあります。

私たちは完全にこれを見逃していて、これをもう見ませんね。

はい。私たちはこれにまったく気づかず、常に次を探し求めています。私たちは常に向こうを眺めていますが、そのときそれはまさにこれの中に、私たちとともに実際にあるのです。私たちはその上に座っているのです。

でも驚くべき逆説は、探求者の気があちこちに向くこともまた、完全な存在なのです。

あなたが手を叩くとき、あなたの例は完璧です。なぜなら、それはまさにあるがままだからです。ただ手を叩くことは、ワォーというただ驚きの瞬間であり、それはまさにワォーとしか言いようがありません。それはそれほど平凡で、それほど完全に平凡で、でもそれほど美しいのです。

はい、私の妻が言うには、突然のワォーが、優しくて微妙で常にあるワォーになるのです。

§§§

分離を可能にしているメカニズムとは何ですか?

メカニズムは何もありません。それはただ見かけでそう起こっているように見えるだけです。起こることは、存在が分離すると、「私は分離しているので、それをすることができる。私はこれをすることができる」というような、ある種の魅力が生じるのです。それは魅力的な夢です。

それは単に夢に魅了されるということで、人はただその夢の中に囚われるのでしょうか?

はい。でもそれも問題ではありません。なぜなら、それは完全だからです。それは間違っていません。それは存在が演じている絶対的に完璧なゲームで、それは分離した実体として、そのすべてをやっていることに完全にワクワクしています。私たちが見る世界は絶対の表現で、それが個人的創造性や行為に見えるのです。ですからそれは、分離して物事をやっているという観念によって、存在が完全に魅了されたものとして起こっています。

トニー、一瞥を得ることと目覚めの間に何か違いがありますか？

何もありません。私たちは「一瞥」と呼んでいるものを半秒だと思っているわけですが、実際は永遠なのです。ですからそれは、目覚めです。それは誰でもない人にとって、存在がワンネスです。

私は一瞥を得たのですが、それにもかかわらず目覚めが起きたとは感じません。

いいえ、起きたのです。

私の妻には言わないでください。

奥さんには言いませんよ（笑）。私が今まで聞いた中で一番楽しかったのは、あるアメリカ人が言った言葉です。「最悪の悪夢は、妻が私よりも先に悟ることです」（笑）。ただし、目覚めがあっても、必ずしも他の何かが起こることを意味してはいません。

つまり、人生は続くということですね。でもそこには解放がありません。

いいえ、あります。あなたがそう考えないだけで、解放はあるものすべてなのです。

OK、わかりました。

もしご希望なら、認定書を出してもいいですけど。(笑)

それはお金がかかりますか?

レベル3の目覚めとか。(笑)

通知表のようなものですか?

でも値段はすごく高いですよ。(笑)

§§§§

トニー、あなたにとって認識の中心があるはずですね。

認識は中心や認識者なしに、存在の中でわき起こるのです。

私には理解できません。

他の何かを認識するどんな認識者もいません……ただあるがまま、存在性、存在だけがあります。認識は存在の中にわき起こりますが、存在は認識されたり、知られたりするものではありません。

わかりました。

それは存在です。存在しかありません。実際的観点から言えば、この肉体精神機構はドアが開くのを認識し、そこを歩くわけです。本当は存在が歩いて壁を通り抜けるのですが、でも木曜日だけです！（笑）

言い換えるなら、あらゆることは以前と同じように進行するけれど、でもただ存在だけがあるということです。

視覚があるときでさえ、それは認識ではないのですか？

それは誰の認識でもありません……それはただ認識が起こっているだけです。でもそれは存在の中で起こっているのです。ですから、機能が見かけで起こりますが、それらが起こってくる一つの中心といったものはないのです。

もちろんです。でも人生はたぶん感覚を通じてまた経験されるわけですね。

それが起こりますが、でも誰にとってということではなく、すべてが存在の中です。それは永遠です。

そして、それは一つの焦点というより、どちらかと言えば一つの気づきがあるということでしょうか？

一つの気づきも焦点もまったくありません。ただ存在だけがあるのです。

わかりました。ではそれはものの現れとはまったく分離していないのですか？

はい、まったく分離していません。それがすべてであらゆるものです……

ということは、それは「何かと一つである」ということですか？

いいえ、違います。それは、それとワンネスでは絶対的にありません。それは何でもないものがあらゆるものであるということです。それは神秘です。なぜ神秘かというと、私たちはそれがあれやこれやの方法で知られたり、認識されたりするべきだと常に思っているからです。

以前にも言ったように、仏教徒たちの究極の悟りの観念は、知られることを知るということです。しかし、それでは知られるものと知るものが必要になり、だからこれはまだ二つである物語に閉じ込められているのです。ちょうど気づきとか注意深さがただあるのと同じことです。

あるものすべては存在です……それは知られることはありません……それは未知で……定義できず、言語に絶した神秘と不思議です。それはあるはずのどこかの驚くべき場所ではなく、まさに今この部屋の中にあるもので、それがあるものすべてです。完全に絶対的に自然に平凡に、これなのです。

たとえこれについてまったく関心がなくても、その神秘のさらなる面が何らかの地点で啓示されうることは、可能ではないでしょうか？

なぜ私たちは常にもっとを欲しがるのでしょうか！　あらゆるものよりもっとを欲しがることは、まったくの狂気で飽くなき強欲です。それは驚くべきことです。何でもなくかつあらゆるもの以上がありうることなど、私には想像もできません。（笑）

でも、あなたは「神秘」という言葉を使われました。

でも私にとっての神秘とは、知ることができないもの、自由落下の中での素晴らしいほどの危険な生の感覚です。心は、どうしてただ存在だけがあるのか、知られていない何かがありうるのかということを決して見ることができません。なぜなら心は知りたいと思い、コントロールしたいと思うからです。ですから、私が言っているのは、心にとってはそれは絶対的に神秘だということです。解放にとっては神秘は何もありません。ただあるがままがあるだけです。でもそれが未知の中でわき起こっているのです。

ということは、あなたが「神秘」と言うとき、それは説明不可能ということを意味しているのですか？

それは心にとっては本質的に説明不可能です。その一方で、解放の中では説明が必要なもの……知ることを必要とするものはもはや何もありません。

それは私たちが考えることを狭めたいと思っているのに、それを思考の中に押し込むことができないからですね。

はい。あなたはどうやってもそれをできません。それを知ることはできないのです。それは目がそれ自体を見ようとすることです。

§§§§

永続する逆説とは、分離があるかぎり探求者がいて、探求者がいるかぎり分離があるということです。それは逆説です。その逆説が終わり始めるのは、その逆説も分離の中にあると見ることでしょうか？

始まりはありません。これの目覚めや永遠という不思議が、見かけで分離があったことを啓示すると言うこともできるでしょう。でも分離しているという認識は、分離という認識にすぎません。それももう一つの経験です。それについては確かに啓発的な何かがありますが、それ以上ではありません。言い換えるなら、そのときあなたは、「探求が分離をあおるという理解と知識について啓発された誰か」を経験しているということです。

でも実際のところ、私が思うにあなたはただ明晰さについて語っているのです。あらゆるものを吹き飛ばすのは何でもないものです。あなたが道を歩いているとき、何でもないものがあります。バーン！　そしてそのあと、何も同じではないのです。仮にあなたの残りの人生がそれ以上何も起こらず続くとしても問題ではなく、それでもあらゆることがそのあとには異なります。それは決して同じではなく、あなたは決して以前にいたところへ戻ることはないでしょう。

トニー、ということは、それはどこにもないか、あるいはあらゆるところにあるか、またはその両方の経験ですか？

それは描写不可能です。

ということは、どこにもないとあらゆるところにある、は同じことなんですか？

はい。すでに何でもないものがあらゆるものであり、絶対が相対であるだけです。

§§§§

私はこの強烈な存在をただここにいるときだけでなく、読書をしているときにも感じます。一方に「存在」というような言葉や概念があって、また一方で「最愛のもの」とか「故郷」というような、まあ詩的とも呼べる表現があるわけです。私はそれらを関係づけることができず、それらは男性と女性といったような正反対のものに思えるのです。

言葉はいつも争いの中にいて、それらは二元的で……主体－客体にもとづいています。この話題について言われているあらゆることを分析し、その言語表現の空虚さを暴露することは可能です……しかしそれは、言葉が指し示すものを感じられない挫折から生まれる浅はかな行為です。

でもそれは、単なる言葉以上のものであり、単なる言葉についてではなく、実際にそのすべてを味わうことについてです。ある意味であなたは、私が描写に囚われていると言っているのだと思います……ときには自分が得ているのは描写だけだと思うときもあります。

はい。それだってOKなわけです。つまり私が言いたいのは、ある場所に閉じ込められているのは、明らかに何も悪くないということです。そしてこれのすべてに言葉や概念、観念があることは確かなことで、探求が分離をあおるという認識にしても一つの概念にすぎません。それはちょうど道を下っていくと、左側に「存在について話しましょう」という看板があり、右側に「存在」という看板があるようなものです。ですから、私たちがここで費やしている時間のほとんどは、存在について話しているということです。そして、それでOKなんです。それが見かけで起こっていることです。しかしながら、ここで起こっていることはまた、質問が干上がり、探求心があきらめるということです。なぜなら、それは別の質問をあおるであろう答えを得られないからです。

それが今まで起こっていることです。

はい、たぶん。探求者は何としても存在しない方法を見つけることでしょう。なぜなら探求者は存在を恐れているからで、そしてそれは探求者が存在することをやめ、生存しなくなることを意味しているからです。

私はそのことを知っていると思います。でもここにいる間、自分が経験を操作しないようにしていることに気づきました。

ある意味では、ただこのエネルギーだけがありますが、たまたま私たちがやっていることは、存在について話しているということです。

でもエネルギー的には、私にとってこれはきわめて異なっています。今まで私が参加してきた他の集まりと比較すると、これは私にとって最もエネルギッシュです。

§§§§

トニー、あなたが原因も結果もないと言うとき……つまり、たとえばあなたが"*The Open Secret*"(公然の秘密)を書き、人々が会に来て、何かが起こるという事実があるわけです。私はあなたが原因と結果はないと言うのを聞いています。それは、夢と現実には何の関係もありえないからなのでしょうか？

でも、私はその本を書いていませんし、私たちは会を開いていませんし、誰もここにはいません。ただ私が本を書き、それから人々がこのことについて聞き、やって来たように見えるだけです。それは現れですが、そのあとで心は、そのような出来事が原因と結果のあることを証明していると思うわけです。このことは、実際には何も起こっていないという、この奇妙な逆説に戻ります。

ということは、原因と結果があるようだけど、あなたはそこに行くことができないということですか？

原因と結果があるように見えるだけで、それは物語を意味します。

あるように見えるけど、誰もそこに行くことができないということですか？

原因と結果の現れはこのコップの現れと大差ありません。それはコップのように見え、「原因と結果」と呼ばれている何かがあるように見えるだけです。

でも、あなたが「原因と結果」に入るやいなや……

それが起こっているように見えることです。それは他のあらゆることと同様に存在の中でわき起こります。それはただ存在の中でだけわき起こり、それは現実でかつ非現実です。

私にはそれが理解可能だとは思えません。

はい。いずれにせよ、問題ではないですが、存在は理解されることも知られることもありません。

でも、もしあなたが原因と結果の法則を提示していて、あなたがコップをもった手を放し、コップが地面に落ちて割れたら、それが原因と結果が働いていない証明になるのですか?

それは原因と結果がどう働いているように見えるかを立証することでしょう。しかし、原因と結果は完全にまったく無意味であるという根本的理解は、解放から起こります。物語の観点で考えるのは心だけです。でもどこにも行くべきところがありません。何かがかつて存在した場所はどこにもありません。

トニー、その逆説とそれについて言われうることはただ、それはそこにあるけど、そこにないということですか？

はい。それはただ理解不可能な何かの描写です。突然それがそこにあります。人々は私に電話してきて言います。「私は一年の間、原因と結果がないという、このわけのわからないあなたの話を聞いてきましたが、突然すべてが完全に明確になりました」。今、それはそうなんだということが理解されましたが、以前は単なる概念にすぎなかったのです。

心がそれをうまく取り入れるのは、あまりに困難です。

それは不可能です。

あるものすべてはこれです。そしてこれは存在です。存在……存在が部屋であり、存在が肉体であり、存在が椅子なのです。あるものすべては存在です。

ですから、今夜これから私たちが分かち合うことは、稀有《けう》で革命的なメッセージです。私たちはみんなで一緒に公然の秘密《オープンシークレット》の本質を眺めることができます。それを探し求める人がいる限り、それは秘密です。それが公然なのは、それがあるものすべてだからです。

あるものすべては存在で、存在は何でもないものであると同時にあらゆるものです。他者はいません。

あるものすべての中で、分離という考えがわき起こります。これは存在が分離した実体として現れて、自分を分離した個人であると夢見ているのです。ですから、現れているのは夢見る人で、その夢見る人の機能は個人として分離の中で夢見ることだけです。そしてそのことが起こるとき、不快感や喪失感があります。幼い子供として分離した瞬間から、探求があります。時計は時を刻み始め、探求が起こります。その探求とは、あの喪失感を埋めたいという願望です。

何かになるすべての教えが、あなたは分離した個人で、あなたには選択があり、どこかへたどり着くために努力しなければならないと教えます。そして、その全信念は夢のパワーと分離を強化しますが、それは夢にすぎません。それは物語です。それは存在が存在を探求する見かけの物語なのです。

でも、準備ができたとき、しかし実際は誰の準備ができたわけでもないのですが、何か他のことが聞かれることは可能です……完全に革命的な別の可能性が聞かれるのです。そして聞かれうることとは、夢からの目覚めがあるということです。でも夢から目覚めるのは夢見る人ではありません。夢見る人、探求者がもはや突然いなくなりますが、それが目覚めなのです。

起こるのは知覚における根本的な転換です。でもそれを起こすことができる人も、その目覚めが起きる人も誰もいないのです。誰もあなたのためにそれができる人はいませんし、あなたもそれをできません。なぜなら探求者であるあなたは、発見や期待するという動きのある物語の中でしか機能しないからです。「次回はそうなるだろう。次の瞑想のあとでそうなるだろう。次のページに書いてあるだろう……答えは次のページにあるかもしれない」。夢見る人は常に期待に生きています。

時計は常に時を刻んでいます。

解放はそれとともに、どんな時計も、夢見る人も、探求者もグルも、目覚めも解放もないという理解を付随的にもたらします……存在するのはただ存在だけです。

ですから、たぶん私たちは、質問は起こりうるが、ある意味ではどんな答えもないということを一緒に発見することでしょう。人生がその答えです。なぜなら、答えは何もないからです。人生への答えは解答が何もないことです。それで、おそらく心《マインド》は戦い、それがおこなったり選択できる何かを発見しようとし続けるでしょう。しかし、ここではそれは可能ではないことが発見されるかもしれません。対話を通じて、質問がそれ自身を再生産し続けるという議論がありますが、ここではそれは起こる必要はないのです。到着すべき場所はどこにもないことを、心はここで発見し、だからそれはあきらめることができるのです。

ということで、生、すなわちこれは見かけで起こっています。それは何でもないものの中で起こっています。これはあまりにシンプルなので、完全に心を困惑させる根本的な転換です。それは誰も生きていない生の感覚です。

§§§§

トニー、この瞬間、肉体－精神の中に不満感というか、何かが欠けているような鈍い感覚が少し背景にあるように思います……それも完全にＯＫです。

そうなんですか？（笑）。どうしてそれは完全にＯＫにならなければならないのでしょうか？

私はそれから抜け出したいわけではなく、ただそれについて話したいだけです。

で、あなたは今、物語を語り始めました。つまり不満があって、それで完全にＯＫだという物語を。ですから、不満があることが**誰か**にとって完全にＯＫだということですが、それは物語です。

ということは、それは本当は経験についての一つのコメントなわけですね。

あなたは物事がＯＫであるという物語にまた戻っています。これが言っていることは、あるもののすべてはあるがままにあり、それには不満も含まれるということです。しかし、そこに踏みとどまっていましょう……不満もありますが、絶対的にＯＫだという考えもあるかもしれません。その意味では両方があるがままですが、問題は心が、不満があってもＯＫだという考えとそれ自身を結びつけることです。そしてこれが、「ＯＫである」と言われているところに個人がたどり着く物語の、全プロセスの始まりです。

不満や損失感とそのような何かもあり、またそれでＯＫだという感覚もあり、さらに「それでＯＫである」を経験しなければいけないような何かもあるのです。

はい、続けてください。

不満をＯＫと見ることや、それに気づくことは、何らかの意味で役立つという考えがあります。

しかし、そこには何であれ起こることに対処している、進行中の何かがあります。言い換えるなら、何が起こっても、もしそれがＯＫだと見られるなら、あるいは気づきの中で見られるなら、そのときにはどこかでそれと取引しているのです。

わかります。

だから、あなたの中にはまだビジネスマンがいるのです。どれほど洗練されていても、まだ起こっていることと取引している、あるいは取引しようとしている何かがまだあるのです。

それもまた一つの瞑想タイプの視点ではありませんか？　私たちがそれを見るとき、それは違ってきます。

それについては何も為されることはありませんし、それがあるがままです。

不安な感覚、それはどこから来るのでしょうか？

何でもないものからです。（笑）

それは何かの象徴ではないのですか？

ほら、また始まった！（笑）。「それは何かを象徴していますか？」は、「それに気づく」、あるいは「それはOKである。私はそれに対処しよう。それは何かを象徴しているのだろうか？　私はそれを理解し、分析しなければならず、そうすれば私はそれに対処できる」という感覚と同じです。ただ不満をそのままにしておくことができないのです！

確かにここに何かの不安や恐れがあります。

そのすべてが起こっていることです。それはただあるがままに起こっています。恐れ、アドレナリン、一杯のお茶、再びアドレナリンの安定、タバコ……

治療法が発見されなければならないように感じられます。

心が巻き込まれるやいなや、それへの対処法としての療法、分析、解答がわき起こるのです。「私はこれにどう対処することができるだろうか？」。恐れが起こると、実際には永遠の中で起こるわけですが、そのとき心がそれを捕まえると、時計が時を刻み始め、私たちはそれについて何かしなければならなくなります。一つの物語が始まりますが、それはまた別の物語です。起こっていることにどう対処したらいいかという小さい物語が何十億と進行しています。あるがままをただそのままにしておく可能性はまったくありません。最後には、たいてい夢見る人はよりよい状況を求めているか、もしそれが純粋な喜びなら、その背後に「どうやってこれにしがみついていることができるか？」と言っている何かがあります。なぜなら、どこかで喜びは続かないことが知られているからです。「ああ、これは永遠ではありえないのだろうか？」とか、「それはここにあり、素晴らしいものだが、でもどういうわけか、それがすぐになくなってしまうことを私は知っている」。分離の中ではたえず干渉機能が働きます。あなたは人生が失われるまで、常に生に干渉することでしょう。

§§§

そのことはいつも私のマッサージを台無しにしてきました（笑）。なぜなら、数分間マッサージをやっていると、「ああ、これも終わるんだ」みたいになるのです。（笑）

トニー、ということは、心がこれらの物事を捕まえるとき、機能する心と妨害する心の違いについて説明してもらえませんか？　なぜなら物事がわき起こると、人は未来についての思考をもちますが、そこには何かの不安があるかもしれません……それは……

夢思考です。

それは夢思考ですか?

はい。

では、あなたが言っていることは、解放においては物事はただ起こり、それらの何も考慮する必要がないということですか?

解放においても夢思考は起こりますが、それは非常に少ないものです。それはまだ起こりますが、誰に起こっているわけでもない自由落下の中のもう一つの現れです。それを受け取る人は誰もいません。

でも、あなたは夢思考と機能的思考を区別するのではないでしょうか?

区別する必要はありません。なぜなら、両方の見かけの出来事は存在であり、ですから、どちらかがもう片方よりも重要だとか価値があるわけではないのです。打算的なことは何もありません――それはそれ、そしてこれはこれです――それはまさにあるがままです。でも質問に答えるために、私は描写しているのです。

でも実際、何の片割れが、「あるものすべてはこれです」と聞いているのでしょうか？

聞いているものは何もありません。存在するのはただこれだけです。その報告も何もありません。それは知られることはありえません！　質問に答えるために、私はそれがどんなふうかをあなたに話しているのであって、これは存在であるものの一つの描写です。夢思考は単に夢思考であるだけです。でもそれを描写するために、明らかにあなたが使う言葉がありますが、現実には何も伝えていないのです。なぜなら、認識しているものは何もないからです。言い換えるなら、特定の思考の価値とか何かを理解しようとする判断がそこにないのです。

何かが聞かれることと、誰かがそれを聞くことが必要であると考える傾向があります。

その傾向があるとき、誰かが何でもないものに質問すると、何でもないものが答えるように見えますが、それは見かけの状況を描写しながら、質問者の観点からの質問を取り上げることへ戻っているのです。それは質問の背後にあるものを論破しますが、描写できないものを描写しようと試みるためにはまた言語を用いています。言語は必然的に二元的です。

人は質問について熟考しなくてもいいのですか?

もちろん、する必要はありません。私は外部の人に、これはただ完全に自然発生的であると描写していました。なぜなら、そこには何もなく、言われていることは基本的に心から来るわけではないからです。心はこれの中にはまったくありません。これはただ何でもないものから来ていて、だから、それを監視しているものは何もありません。言われていることを邪魔するものが何もないのです。もし反応が心の理解から来るとすれば、論理、物語、何かになるという考えに閉じ込められた完全に異なる答えを得ていることでしょう。

§§§

ここで進行していることは、ある意味では非常に危険なように思われます。なぜなら、あなたは夢を破壊しているからです……

はい。でもそれは、分離に閉じ込められている幻想の個人にとってのみ危険なのです。見かけの夢を破壊している人は誰もいません。何かになるという夢の無知が暴露されているのです。

私たちは戻ることはできませんか?

前に進んだりとか戻ったりはないのです。慈悲は幻想の破壊者で、それは道路の向こうの女性たちを助けたり、人々が人生を切り抜けるのを助けたりしません。慈悲は分離した個人を助けるのではなく、分離の夢を暴露し、自由を残すのです。無条件の愛とは、助けを必要としている分離した個人がいることを認識することではありません……それは私たちがともにいるときに感じられる無限性の解放的な性質です。

§§§

トニー、自意識と探求者は同一のものだと言えるでしょうか?

はい。自意識は「私は分離した実体です」という分離です。

では、一部の肉体（という言い方でよろしければ）の中では、他の肉体の中よりも自意識がより多くあると言えるでしょうか？

そのように見えることでしょう、はい。

ということは、自意識が減ることが可能なわけですね。

それは可能ですが、それは目覚めとは何の関連もありません。存在はそれ自身の見かけの自意識の程度にこれっぽっちの関心ももっていません。あらゆるものすべては存在の表現です。見かけの個人はお好きなだけ、神経症、平穏、沈黙、聡明、精神分裂症、あるいは自意識的になることもできますが、そのすべてが存在の遊びです。それはすでに完璧なほどに全体です。

物語の中で、目覚めとおそらく一般的にくつろいでいる人々の間に相互関連があると言えますか？

自分自身にくつろいでいるという意味ですか？

はい。自分自身にくつろいでいるということです。その状態と目覚めの間の相互関連です。

いいえ、絶対的に何の相互関連もありません。でも、明らかに物語の中で、分離していることに対して他の人たちよりもくつろいでいる見かけの人々がいます。その「誰か」というのは、誰もいないという現実とは絶対的に何の関係もありません。誰もいないために、誰かがより少なくならなければならないというわけではないのです。(笑)

でも、人々は神経症が抜け落ちることについて実際に話します。

はい。もし人が自分の心の動揺を静めることができれば、悟りがもっと可能になるかもしれないと信じることは、非常に心惹かれ、ともかく論理的なことではありますが、それは混乱した個人的信念です。

ある意味でそれほど自意識がない人は、解放に関心がないということでしょうか?

どんな規則もありません。いずれにせよ、人がいわゆる解放にどれほど関心があるかは問題ではありません。すでに全体性があります。悟りを開くことに関心があるとか、熱心に献身しているということは、すでにあるものを求めるというおとぎ話の中で見かけで起こっていることです。

今日の午後、私たちは山登りをすることにしているのですが、私はそれは素晴らしいことだろうと考えていることに気づきました。なぜなら、私は音声や物事から離れたいと感じているからです。そして、それはただ心で、それは無関係……

はい。あなたが今日の午後六十の山に登っても問題ではないでしょうし、これと違いありません。ここにいるのと山登りは異なると、あなたがただ考えているだけです。あなたが見かけでどこへ行こうとも、ただ沈黙、存在だけが常にあります。いわゆる音声や物事はシンプルに存在です。これらから逃れるというあなたの見かけの必要性とまったく同じです。

それは、これらのすべてについて判断しているということでしょうか？

はい。なぜならここで進行しているすべての会話は、単に沈黙が音を立てているにすぎないからです。ですから私は、沈黙リトリートという考えを押しつけようとは決してしないのです。なぜならその考えは、話さないことが沈黙で、沈黙はどういうわけか見かけの音よりも「よりよい」、という間違った概念にもとづいているからです。しかしながら、これらの会では多くの「沈黙」が有機的に起こります。なぜなら、心がただあきらめるからです。

ときには私はそれを理解しますし、またときにはそれについて非常に頑固な場合もあります。

誰もいないときには違いの必要性がなく、そこが違いです。

あるものすべては起こっていることです。抑制とか思考があっても問題ではありませんし、それが夢思考でも問題ありません。それが起こっていることです。起こっていることが、これを理解できない挫折と怒りであることもありえます。またこれに対する抵抗、あるいは非抵抗かもしれません。椅子に座っている、お茶を飲んでいる、歩いている、温かさ、あるいは寒さを感じている、すべてが常に起こっているだけです……何も起こっていないときの熟睡も含めて。ただ存在だけがあり、それが見かけで起こっているのです。

あなたは存在から逃れることも、それに到達することも、それに気づくこともできません。それは単にあるがままです。それは、それを見かけで求めている間、常に完全にオープンで、完全に秘密です。求められていることは決して知られず、しかしまた一度も失われたことがないのです。

訳者あとがき

訳者あとがきに手こずっている。いつもは翻訳が終わり、編集作業が始まると、自然に訳者あとがきの言葉が思い浮かんでくるのだが、本書の場合はどういうわけか書くべき言葉がまったく出てこない。何を書いても、的外れな感じがする。そもそもノン・デュアル（非二元）の教えは、初めから絶対矛盾を抱えている。描写不可能なことを賢者の方々が言葉で表現したとたん、どれだけ巧みに語ったとしても、それは時間世界の物語になってしまうからだ。だから、ノン・デュアルの本の訳者あとがきに何を書いてもさらに的外れ……という身も蓋もない話になってしまう。

本書は情味も含蓄もぎりぎりカットした身も蓋もない（辞書の意味では「露骨すぎて、情味も含蓄もない」）露骨な本である。トニー・パーソンズは、情味や含蓄のある「悟りや気づきの物語」を求める人々の心を一つまた一つ撃ち落として（原文編集者はその様子を「スキート射撃の名手」とたとえる）、たった一つのもの「生の感覚」（これが本書のキーワードである）にだけ集中させる。

トニー・パーソンズが言う「生の感覚」とは神秘的なものではなく、誰もが日々経験している平凡で自然な感覚だ。たとえば、今私はこれを母の部屋で書いていて、横では母がスーパーのチラシを見ながら、「これが安い。あれが安い。明日これ買ってきて」と叫んでいる。その声を聞きながら、「お母さん、私が仕事をしているときに、チラシの話題なんかふってこないでよ」という思考がわき、それでも我慢して、代わりに「はいはい、わかりました」と心半ばで返事をする。そうこうするうちに、母の好きなテレビドラマ「水戸黄門」のテーマ曲が聞こえてきて、私はそのドラマの音声を背景に、訳者あとがきを考えているというわけである。こういった一連の出来事、これがトニー・パーソンズが言う「生の感覚」である。誰が起こしているわけでもなく、誰に起きているわけでもない「生の感覚」。これでも私はすでに充分、物語を語ってしまっている。「私」と書いた瞬間に物語が生まれ、「母」と書いた瞬間にさらに物語が追加されている。本当は、何でもない存在が何かであるふりを装って、映像、音声、思考、感情のように起こっているだけである。

なぜ平凡な「これ」が賢者たちの語る「それ」なのか？　それこそが、心が決して理解できないことなのである。「これ」が「それ」であるという話が延々と展開される「身も蓋もない」本……よろしかったら、皆様のノン・デュアルの蔵書に加えてください。

本書を翻訳するにあたり、ナチュラルスピリット社の今井社長と、編集をご担当してくださった川満秀成氏には大変にお世話になりました。心からお礼を申し上げます。

二〇一五年四月

髙木悠鼓

■ 著者

Tony Parsons（トニー・パーソンズ）

1933年にロンドンで生まれる。21歳のとき、見かけの目覚めがあり、長年この「公然の秘密」を世界中の人々と分かち合ってきた。彼の講話とワークショップは主にヨーロッパで開かれている。著書に、『オープン・シークレット』（ナチュラルスピリット）、『Invitation To Awaken（目覚めへの招待）』、『As It Is（あるがままに）』、『All There Is（存在するすべて）』などがある。

公式サイト
https://www.theopensecret.com/

連絡先
Tony Parsons
PO Box 117, Shaftesbury, SP7 9WB, U. K.

■ 訳者

髙木 悠鼓（たかき ゆうこ）

大学卒業後、教育関係の仕事、出版業をへて、現在は翻訳・作家・シンプル道コンサルティング業を営みながら、「私とは本当に何かを見る」会などを主宰する。著書に、『人をめぐる冒険』、『楽しいお金』、『楽しいお金3』（以上マホロバアート）、『動物園から神の王国へ』、『シンプル道の日々』（以上シンプル堂）、訳書に、『存在し、存在しない、それが答えだ』（ダグラス・E・ハーディング）、『誰がかまうもんか?!—ラメッシ・バルセカールのユニークな教え』、『意識は語る—ラメッシ・バルセカールとの対話』、『ニサルガダッタ・マハラジが指し示したもの』（ラメッシ・バルセカール）、『意識に先立って—ニサルガダッタ・マハラジとの対話』、『頭がない男—ダグラス・ハーディングの人生と哲学』、『スピリチュアル・ヒーリングの本質』（ジョエル・ゴールドスミス）（以上ナチュラルスピリット）などがある。

シンプル堂サイト　https://www.simple-dou.com/
個人ブログ「シンプル道の日々」　http://simple-dou.asablo.jp/blog
「頭がない方法」サイト　http://www.ne.jp/asahi/headless/joy

何でもないものがあらゆるものである
―無、存在、すべて―

●

2015年7月30日　初版発行
2021年8月8日　第3刷発行

著者／トニー・パーソンズ
訳者／髙木悠鼓

装幀／中村吉則
編集・DTP／川満秀成

発行者／今井博揮
発行所／株式会社 ナチュラルスピリット
〒101-0051 東京都千代田区神田神保町3-2 高橋ビル2階
TEL 03-6450-5938　FAX 03-6450-5978
info@naturalspirit.co.jp
https://www.naturalspirit.co.jp/

印刷所／中央精版印刷株式会社

ISBN978-4-86451-173-5 C0010